Tara Bernado

Ich will es immer noch unanständig!

Anregende Geschichten für heisse Nächte

Blue Panther Books

Blue Panther Books Taschenbuch
Band 2528
1. Auflage: September 2021
2. Auflage: Juni 2022
3. Auflage: Dezember 2022
4. Auflage: April 2024
5. Auflage: Juni 2024

Vollständige Taschenbuchausgabe
Originalausgabe

Lektorat: Jasmin Ferber

Cover:
© arturkurjan @ 123RF.com
Umschlaggestaltung: MT Design
Gesetzt in der Trajan Pro und Adobe Garamond Pro

Printed in Poland
ISBN 978-3-96641-780-8
www.blue-panther-books.de

INHALT

Neue Nachbarn - Hemmungslos und unanständig

»Ja, ja, so ist es gut!«

Tocktocktocktock ...

»Ja, mach's mir!«

Tocktocktocktocktock ...

Das gab es doch gar nicht! Sie trieben es schon wieder! Und was da so in gleichmäßigem Rhythmus immer wieder gegen die Wand schlug, war definitiv nicht ihr Bett, das befand sich nämlich eine Etage höher, wie ich genau wusste. Mit offenem Mund stand ich in meinem Wohnzimmer, in einer Hand einen Putzlappen und in der anderen einen Eimer mit Seifenlauge. Langsam stellte ich den Eimer ab und näherte mich der Wand. Jetzt konnte ich auch das laute Klatschen hören, das im gleichen Rhythmus wie das *Tocktocktock* in mein Wohnzimmer drang. Ich konnte mir die Szene, die sich da gerade im Nachbarhaus abspielte, genau vorstellen: Sie kniete auf dem Sofa, und er fickte sie im Stehen von hinten!

Ich war mir ganz sicher, dass es sich genau so abspielte, schließlich schlug da irgendein Möbelstück ständig gegen meine Wand, begleitet von anfeuernden Rufen und lautem Stöhnen. Gerade wollte ich mein Ohr an die Tapete legen, als ein lauter Aufschrei ertönte. »Ja, ja mir kommt's, hör nicht auf, mach weiter!«, gefolgt von noch wilderem Tocken gegen meine Wand und lustvollem Gestöhne. Dann herrschte plötzlich Totenstille, und erschrocken fuhr ich zurück, weil ich mich irgendwie ertappt fühlte. Nach einem kurzen Moment hörte ich, wie das Sofa unter amüsiertem Gekicher ein Stück von der Wand weggerückt wurde und dann, wie sich zwei Stimmen lachend aus meiner Hörweite entfernten.

Mit hochrotem Kopf, den Putzlappen immer noch in der einen Hand, stand ich da. Das war ja wirklich ein starkes Stück!

Dass ich, seit die neuen Nachbarn vor ein paar Tagen in das Reihenendhaus nebenan eingezogen waren, jeden Abend in meinem Bett mit solchen und ähnlichen Geräuschen »bespaßt« wurde, war ja schon Zumutung genug. Aber dass ich jetzt sogar schon tagsüber Zeuge ihres ausschweifenden Sexlebens wurde, ging ja wohl wirklich zu weit! Denen würde ich jetzt mal gehörig den Marsch blasen!

Entschlossen warf ich den Putzlappen neben den Eimer und stapfte los in Richtung Haustür. Aber schon auf halbem Weg überkamen mich Zweifel, und ich blieb stehen. Mein Gott, ich kannte diese Leute doch gar nicht. Bisher hatte ich die beiden nur gehört, aber gesehen hatte ich sie noch nie. Was wollte ich denen überhaupt sagen? »Guten Tag, ich bin Ihre völlig underfuckte Nachbarin, und ich habe überhaupt keine Lust, Ihnen ständig beim Sex zuzuhören!?«

Wohl kaum, da wäre ich ja in mehrfacher Hinsicht vollkommen blamiert gewesen. Erstens, weil klar wäre, dass ich mehr als einmal die Vorkommnisse nebenan belauscht hatte, und zweitens, weil ich zugeben würde, dass mein Sexleben nicht ganz so ausgefüllt war wie das meiner Nachbarn.

Und genau da lag wohl auch das Problem. Seit ich meinen Freund wegen notorischer Untreue vor die Tür gesetzt hatte, bewohnte ich mein kleines Reihenhaus ganz allein, und da ich nicht gerade mit Extrovertiertheit glänzte, gab es seitdem auch keinen Ansturm von potenziellen Lovern auf mich.

Verdammt! Ich würde mich sowieso nicht trauen, mich bei meinen Nachbarn zu beschweren und dabei auch noch das Wort Sex in den Mund zu nehmen.

Frustriert ging ich zurück in mein Wohnzimmer, schnappte mir den Putzlappen und fing an, weiter sauberzumachen. Natürlich konnte ich dabei an nichts anderes denken als an das, was ich seit Tagen von nebenan zu hören bekam. Offensichtlich grenzten unsere Schlafzimmer aneinander, denn jeden Abend, wenn ich im Bett lag, konnte ich sie hören. Einmal machten sie es immer und manchmal sogar öfter. Dabei war eindeutig sie es, die so unersättlich und scheinbar auch noch mit der Fähigkeit zu multiplen Orgasmen ausgestattet war. Er machte zwar freudig mit, kam aber eindeutig weniger oft zum Höhepunkt. Na ja, das war ja auch logisch, wie sollte das auch gehen bei einem Mann? Dennoch, die Geräusche waren eindeutig, und bevor die beiden nebenan eingezogen waren, hatte ich mir nicht vorstellen können, dass man so viel Sex haben könnte. Und es war ja schließlich nicht so, dass das Ganze mich nicht auch ein bisschen anmachte.

Am ersten Abend hatte ich noch amüsiert grinsend in meinem Bett gelegen, als es losging, und mir vorgestellt, wie peinlich es den neuen Nachbarn wohl wäre, wenn sie wüssten, dass ich alles mitbekomme. Am zweiten Abend konnte ich dann kaum glauben, dass es schon wieder zur Sache ging, und als das lustvolle Gestöhne gar nicht mehr aufhörte, war irgendwann meine Hand unter der Bettdecke verschwunden. Ich dachte an den Sex mit meinem Ex-Freund zurück und stellte mir vor, dass er hier bei mir lag und seinen steifen Schwanz auffordernd gegen mich drückte, während wir dem Stöhnen von der anderen Seite der Wand zuhörten. Automatisch hatte ich die Beine breitgemacht und mir einen Finger in die Möse geschoben. Es war klatschnass da unten, und als ich den nassen Finger zu meinem Kitzler gleiten ließ, fühlte der sich heiß und geschwollen an. Ich rieb ganz langsam und hörte intensiv den Geräuschen von nebenan zu, während ich mir vorstellte, wie mein Ex mich fickte. Der Orgasmus kam schnell und heftig, und das Geilste war, dass er zeitgleich mit dem meiner Nachbarin kam. Im Gegensatz zu mir sah die allerdings keinen Grund, leise zu sein, und schrie ihre Lust einfach aus sich heraus, was das Zucken in meiner Pussy nur noch verstärkte. Oh Mann, war das geil!

Als es vorbei war, rollte ich mich auf die Seite und war gerade dabei, ins Reich der Träume zu gleiten, als meine Nachbarn die zweite Runde begannen. Fasziniert und ungläubig hörte ich noch einmal zu, und als endlich Ruhe eingekehrt war, schlief ich sofort ein. Dass das von nun an jeden Abend so gehen würde, wusste ich da noch nicht und erst recht nicht, dass sie es genauso gern tagsüber trieben.

Jetzt reichte es mir langsam mit dem Putzen! An Sex zu denken und dabei die Möbel abzuwischen, passte irgendwie nicht zusammen. Ich beschloss, lieber eine Runde joggen gehen, um mich abzureagieren. Eimer und Putzlappen wurden weggepackt, ich zog meine Joggingklamotten an und verließ das Haus. Während ich abschloss, hörte ich, wie nebenan die Haustür aufging und wieder ins Schloss fiel. O nein, bitte nicht, ich würde doch nicht gerade jetzt meinen Nachbarn in die Hände laufen, oder? Schnell wollte ich zurück in mein Haus huschen, als eine Stimme von drüben erklang. »Hallo, Frau Nachbarin!?«

Mist, aus der Nummer kam ich jetzt wohl nicht mehr raus! Mit einem aufgesetzten Lächeln drehte ich mich um und blickte direkt in die Augen eines ziemlich attraktiven Mannes. Er stand, ausgerüstet mit einem Rechen, in seinem kleinen Vorgarten und sah freundlich zu mir herüber. Ein schneller Scan zeigte mir eine sportliche Figur (die brauchte er ja wohl auch!), dichte, dunkle Haare und ein markantes Gesicht. Ich hatte wahrlich schon hässlichere Männer gesehen.

Langsam ging ich die drei Stufen vor meiner Tür hinunter, während er mir schon mit ausgestreckter Hand entgegenkam.

»Hallo, ich bin Patrick, schön, dass wir uns mal kennenlernen!«

Ein wenig verunsichert nahm ich seine Hand. Eigentlich wäre das ja jetzt die Gelegenheit, ihm mal ordentlich die Meinung zu geigen, aber so freundlich und aufgeschlossen, wie er sich gab, hätte das wohl ziemlich spießig gewirkt.

»Äh ja, ich bin Nadine …«, quetschte ich also nur heraus, und ehe ich noch etwas sagen konnte, redete er schon weiter. »Das ist ja toll, dass wir eine Nachbarin in unserem Alter haben! Und überhaupt, wir sind ja so froh, ein Haus in dieser Wohngegend bekommen zu haben. Weißt du … wir duzen und doch, oder?«, schob er ein, ohne eine Antwort abzuwarten. »Hier scheint es uns nicht ganz so spießig zu sein, und ehrlich gesagt, genau so etwas haben wir gesucht! Meine Frau ist nämlich ziemlich temperamentvoll!« Jetzt sah er mich mit verschwörerischer Miene an. »Und wir hatten tatsächlich schon Nachbarn, die das gestört hat! Kannst du dir so was vorstellen?«

»Äh, nein, natürlich nicht«, erwiderte ich und versuchte, dabei nicht rot zu werden. Trotz seines Redeschwalls hatte er kein bisschen unsympathisch auf mich gewirkt. Und jetzt, wo er direkt vor mir stand, sah er noch besser aus als aus der Entfernung. Irgendwie konnte ich nichts dagegen tun, dass meine Gedanken schon die ganze Zeit darum schweiften, ob er wohl einen großen Schwanz hatte.

Verzweifelt suchte ich nach einer sinnvollen Fortsetzung unseres Gespräches, als die Haustür sich noch einmal öffnete und eine Frau heraustrat. Sie winkte in unsere Richtung und kam dann geradewegs auf uns zu.

Patrick drehte sich zu ihr um. »Ah, Liebling, das passt ja gut! Gerade habe ich Nadine, unsere Nachbarin, kennengelernt. Nadine, das ist Silvie, meine Frau!«

Meine Güte, langsam kam ich mir ziemlich blöd vor in meinen Joggingklamotten und mit meinem nachlässig gebundenen Pferdeschwanz. Silvie sah ja noch besser aus als ihr Mann! Sie hatte nicht nur lange blonde Haare, grüne Augen und hohe Wangenknochen, sondern natürlich auch noch eine Top-Figur. Unwillkürlich fragte ich mich, wie sie es so schnell geschafft hatte, sich wieder so ordentlich anzuziehen und zu frisieren, schließlich wusste ich doch genau, was sie vor ein paar Minuten noch getrieben hatte! Der Gedanke an das, was ich gehört hatte, ließ mich schon wieder erröten, aber Silvie schien es gar nicht zu bemerken. Sie schüttelte meine Hand und gab mir zur Begrüßung rechts und links ein Wangenküsschen, wobei mir ihr unglaublicher Duft in die Nase stieg. Sie sah also nicht nur umwerfend aus, sie roch auch noch so! Kein Wunder, dass der gute Patrick ihr nicht widerstehen konnte!

»Schön, dass wir uns mal treffen!« Sie strahlte mich an. »Patrick und ich waren in den letzten Tagen unglaublich beschäftigt, es gab noch so viel zu tun im Haus, da hatten wir noch gar keine Gelegenheit, uns mal bei den Nachbarn vorzustellen!«

Aha, sie waren also »unglaublich beschäftigt gewesen« in den letzten Tagen! Ja, das konnte ich wohl bestätigen, tat es aber natürlich nicht. Stattdessen beschloss ich, mich jetzt mal lieber zu verkrümeln, bevor die beiden noch auf die Idee kamen, ein paar Andeutungen zu ihren »Beschäftigungen« loszulassen.

»Ja, schön, dass wir uns kennengelernt haben. Ich muss jetzt aber los, ich bin verabredet«, log ich also, drehte mich um und lief los.

»Tschüss, Nadine, bis bald mal«, riefen die beiden mir im Chor nach, »du musst uns unbedingt mal besuchen!« Und als ich mich noch einmal kurz umdrehte, glaubte ich zu sehen, dass Patrick mir zuzwinkerte.

Nein, das hatte ich mir bestimmt nur eingebildet! Und

wenn nicht? Ich wollte gar nicht darüber nachdenken, bog in meine große Joggingrunde ab und zog das Lauftempo an. Auf dieser Strecke würde ich eine gute Stunde unterwegs sein, und bis dahin hatte Patrick seinen kleinen Vorgarten ja wohl fertig geharkt, und ich würde ihm hoffentlich heute nicht noch einmal begegnen.

***

Zwei Stunden später lag ich frisch geduscht in gemütlichen Klamotten und mit einem Buch in der Hand auf meinem Sofa. Am liebsten las ich die Bücher von Tara Bernado, sie schrieb so herrlich versaute Sexgeschichten. Nicht dass ich jemals solche Dinge erlebte, wie sie sie in ihren Büchern beschrieb, aber allein davon zu träumen, war schon ziemlich anregend. Ich fühlte mich schon etwas duselig von den anderthalb Gläsern Rotwein, die ich getrunken hatte, und war in meinem Buch gerade an einer Stelle angekommen, wo die Heldin es mit einem Mann und einer Frau gleichzeitig trieb, als von nebenan Musik ertönte. Ich glaubte es nicht, aber da drang doch tatsächlich die schmachtende Stimme von Jane Birkin durch die Wand und sang *Je t'aime*. Wer hörte sich denn so was heutzutage noch an? Nun, meinen Nachbarn schien es zu gefallen, denn jetzt hörte ich auch wieder leises Gekicher und das Klirren von Gläsern, die aneinandergestoßen wurden. Bitte nicht! Sie würden es doch nicht schon wieder machen, oder? Natürlich konnte ich nicht widerstehen und legte mein Ohr an die Wand. Doch, sie taten es! Ich konnte Silvie stöhnen hören, und ab und zu sagte Patrick mit leiser Stimme etwas zu ihr. Wie sollte ich mich so auf mein Buch konzentrieren? Verdammt, es war ja nicht so, dass ich nicht auch gern mal wieder Sex gehabt hätte, und da war es wirklich nicht besonders toll mitzubekommen, wie es der Frau Nachbarin gleich mehrmals am Tag besorgt wurde.

Jetzt wurden die Geräusche lauter. In meiner Fantasie konnte ich genau sehen, wie Patrick mit dem Gesicht zwischen den gespreizten Schenkeln seiner Frau lag und sie leckte. Ein warmes Kribbeln breitete sich in meiner Pussy aus, und ich wollte mich gerade zurück aufs Sofa legen und mich darum kümmern, als mir ein Gedanke durch den Kopf schoss. Vielleicht hatten die beiden ja ihre Jalousien nicht heruntergelassen, und ich konnte sogar etwas sehen! Aufgeregt setzte ich mich auf. Draußen war es inzwischen dunkel geworden, und die Chancen, in das wahrscheinlich beleuchtete Wohnzimmer meiner Nachbarn schauen zu können, standen nicht schlecht.

Aber das konnte ich doch nicht ernsthaft machen, oder? Die Nachbarn beobachten! Aber warum eigentlich nicht? Sie provozierten es ja geradezu mit ihrem Benehmen! Entschlossen griff ich nach meinem Glas, trank noch einen großen Schluck Rotwein und stand auf. Ich würde nur einen ganz kurzen Blick riskieren und dann sofort wieder in mein Haus zurückkehren …

Ich machte das Licht im Wohnzimmer aus, öffnete leise die Terrassentür und trat nach draußen. Die kleinen Grundstücke waren nur durch hohe Büsche voneinander getrennt, einen Zaun gab es nicht. Auf allen vieren suchte ich mir einen Weg durch das Gebüsch. Gut, dass es in den letzten Tagen nicht geregnet hatte! Mit den Händen schob ich die Äste zur Seite und machte mir den Weg frei. Irgendwie hatte ich das dumme Gefühl, dass der Rotwein etwas damit zu tun hatte, dass ich mich hier wie ein Einbrecher auf das Grundstück meiner Nachbarn schlich. Aber egal, ich würde das jetzt durchziehen, schließlich wollte ich etwas sehen.

Den Busch hatte ich jetzt hinter mir gelassen und ich krabbelte auf die Terrasse zu. Wie ich es mir erhofft hatte, waren die Jalousien nicht heruntergelassen. Das durch einen Deckenfluter beleuchtete Wohnzimmer lag wie eine Kinoleinwand vor mir und bot mir die allerbeste Sicht auf das Geschehen. An der Wand zu meinem Haus stand ein großes Sofa, auf dem Silvie lag. Sie hatte ein Bein auf der Rückenlehne abgelegt und das andere auf den Boden gestellt. Patrick kniete vor dem Sofa, sein Gesicht zwischen ihren geöffneten Beinen. Silvies verklärtem Gesichtsausdruck nach gefiel es ihr ausgesprochen gut, was ihr Mann da gerade machte. Sie hatte die Augen geschlossen, und während sich eine Hand in die Sofalehne krallte, griff die andere immer wieder in Patricks Haar und dirigierte ihn ein ganz kleines bisschen, mal nach rechts oder links, mal nach oben oder unten. Um etwas besser sehen zu können, hechtete ich über die Terrasse bis zu einem großen Blumenkübel, hinter dem ich mich gut versteckten konnte. Kniend hatte ich genau die richtige Größe, um über den Rand zu schauen, was ich natürlich auch tat.

Silvie sah einfach umwerfend aus. Sie trug eine schwarz-rote Corsage und halterlose schwarze Seidenstrümpfe. Einen Slip konnte ich nicht sehen, dafür aber megahohe, ebenfalls schwarz-rote Plateaupumps, die total versaut aussahen. Ihre langen blonden Haare lagen verteilt über einem großen Sofakissen, und sie hatte sich ihre Lippen dunkelrot geschminkt. Kein Wunder, dass Patrick ständig so heiß auf sie war, sie sah aus wie die pure Sünde. Er selbst trug einen hellgrauen Morgenmantel, der offen herunterhing. Leider konnte ich nicht erkennen, ob er darunter nackt war, da er mir seinen Rücken zugewandt hatte.

Die beiden hatten scheinbar ihren romantischen Abend, denn die Musik, die jetzt leise aus der gekippten Terrassentür nach draußen drang, identifizierte ich als *Take My Breath Away* von Berlin, schon wieder so eine Liebesschnulze. Ich war zwar wahrlich kein Fan solcher Musik, aber irgendwie beneidete ich Silvie doch ein bisschen um ihren Mann, der sich so etwas mit ihr anhörte.

Jetzt schien er sein Lecken zu intensivieren, sein Kopf bewegte sich schneller, und Silvie krallte sich mit beiden Händen ins Sofa. Dann stieß sie einen lauten Schrei aus, den ich trotz der Musik draußen hinter meinem Blumenkübel gut hören konnte, und ihr Becken schob sich in ekstatischen Bewegungen gegen Patricks Gesicht. Der hielt ihre Hüften mit seinen Händen fest umklammert und machte einfach weiter, bis sie sich wieder beruhigt hatte und erschöpft aufs Sofa sank. Glücklich lächelten sich die beiden an, Patrick griff nach den gefüllten Weingläsern, die auf dem Tisch standen, und setzte sich zu seiner Frau auf das Sofa.

Jetzt, wo es nichts mehr zu sehen gab, wurde mir bewusst, in welcher Situation ich mich eigentlich befand. Ich hockte auf der Terrasse meiner Nachbarn hinter einem Blumenkübel und hatte ihnen beim Sex zugesehen! Meine Güte, die Vorstellung, dass sie mich dabei hätten erwischen können, ließ mir einen kalten Schauer den Rücken hinunterlaufen. Ich beschloss, sofort den Rückzug anzutreten, doch gerade als ich loskrabbeln wollte, stand Patrick auf. Jetzt konnte ich sehen, dass er unter seinem Morgenmantel tatsächlich nackt war. Sein Schwanz stand deutlich sichtbar hart und steif zwischen seinen Beinen. Ich starrte genauso fasziniert auf das Prachtstück wie Silvie, und als er ihn in einer auffordernden Geste ein paarmal nach rechts und links schwingen ließ, sank ich wieder hinter den Blumenkübel zurück. Was kam denn jetzt?

Patrick drehte sich um und ging zur anderen Seite des Wohnzimmers, wo er sich in einen schwarzen Ledersessel fallen ließ. Sofort stand Silvie auf und folgte ihm. Mit einem lasziven Lächeln kniete sie sich zwischen seine Beine. Sie würde ihm jetzt doch nicht etwa noch einen blasen? Doch, genau das schien sie vorzuhaben, denn sie öffnete den Mund, leckte mit ihrer Zunge einmal über ihre rot geschminkten Lippen und senkte den Kopf. Patrick sog erst heftig die Luft ein und lehnte sich dann genießerisch zurück.

Konnten die beiden denn nie genug bekommen?

Ich spähte wieder über den Rand des Blumenkübels, doch leider musste ich feststellen, dass ich von hier aus die entscheidenden Dinge, nämlich seinen Schwanz und ihren Mund, nicht richtig sehen konnte, da eine Zimmerpflanze mir einen Teil der Sicht nahm. Doch jetzt war ich richtig angefixt, ich wollte mir auf keinen Fall entgehen lassen, wie meine geile Nachbarin ihrem ebenso geilen Ehemann den Schwanz lutschte. Suchend sah ich mich nach einem anderen Versteck um. Da, zwei Meter weiter links, stand ein weiterer, etwas kleinerer Kübel, der mir geeignet erschien. Schnell hastete ich los zu meinem neuen Schlupfwinkel, als es plötzlich laut schepperte und klirrte. Erschrocken hielt ich inne und sah mich um. Ich hatte im Dunkeln eine tönerne Dekofigur übersehen, die jetzt in tausend Scherben zerbrochen auf der Terrasse lag. Drinnen schien man auch etwas gehört zu haben, denn Patrick und Silvie hatten beide die Köpfe gehoben und blickten durch die Scheibe nach draußen. Ich saß wie erstarrt da, bewegte mich nicht und betete, dass sie mich nicht entdecken würden. Doch dann sagte Patrick irgendetwas zu seiner Frau, beide lachten, und zu meiner Erleichterung machten sie da weiter, wo sie gerade aufgehört hatten.

Von meinem neuen Versteck aus hatte ich eine hervorragende Sicht. Silvie lutschte Patricks Schwanz wirklich hingebungsvoll. Erst umspielte sie mit ihrer Zunge seine Eichel, und dann führte sie den harten Prengel Stück für Stück tiefer in ihren Mund ein. Mal lutschte sie ihn mit schnellen Bewegungen und dann wieder ganz langsam. Mir wurde abwechselnd heiß und kalt bei dem geilen Anblick. Ich wusste genau: Wenn jetzt mein Ex drüben in meinem Haus auf mich warten würde, ich würde mich völlig hemmungs- und tabulos von ihm durchficken lassen.

Doch jetzt gab es wieder eine Unterbrechung. Patrick sagte etwas zu Silvie, worauf sie nicht gerade begeistert guckte, dann mit den Schultern zuckte und etwas Platz machte. Patrick stand auf, zuckte ebenfalls mit den Schultern und verließ den Raum. Tja, Silvie, dachte ich mir, selbst der potenteste Kerl muss ab und zu mal aufs Klo! Irgendwie fand ich es ganz beruhigend, dass das selbst bei so sexsüchtigen Leuten wie den beiden passierte.

Wie es zu erwarten war, ließ Silvie die Zeit natürlich nicht ungenutzt verstreichen. Sie hatte sich auf den Sessel gesetzt und ihre Finger umspielten ihre Schamlippen. Dann zog sie sie leicht auseinander und fing an, ihren Kitzler zu reiben. Sie war wirklich schon wieder geil, und fasziniert schaute ich mir an, was sie mit ihren Fingern machte, als plötzlich jemand mit dem Finger auf meine Schulter klopfte. Entsetzt fuhr ich zusammen, und angsterfüllt drehte ich mich um. Hinter mir stand Patrick und grinste mich an.

»Guten Abend, Frau Nachbarin! So schnell sieht man sich also wieder. Was machst du denn hier auf unserer Terrasse?«

»Ich, äh, ich …« panisch versuchte ich einen vernünftigen Satz zu formulieren, aber leider fiel mir nichts ein.

Patrick streckte mir seine Hand entgegen. »Komm doch einfach mit rein und leiste uns Gesellschaft. Hier draußen ist es doch total ungemütlich.«

Wie in Trance ergriff ich seine Hand und stand auf. »Ich, äh, nein, ich gehe lieber wieder in mein Haus …«, setzte ich an, aber er unterbrach mich.

»Ach was, Silvie wird sich auch freuen, dich zu sehen!« Und bevor ich etwas erwidern konnte, zog er mich hinter sich her um das Haus herum und zur Haustür hinein.

Oh nein, oh nein, oh nein! Was sollte ich nur machen?

Er schob mich ins Wohnzimmer. »Schau mal Silvie, wen ich in unserem Garten gefunden habe! Ich glaube, Nadine hat sich verlaufen!« Und bevor ich irgendetwas zu dieser unglaubwürdigen und albernen Aussage sagen konnte, kam Silvie mir schon entgegen und umarmte mich.

»Nadine, das ist ja eine nette Überraschung!« Sie blickte einmal an mir auf und ab, und am liebsten wäre ich im Erdboden versunken. »Aber du hast dir ja deine Klamotten in unserem Garten völlig versaut. Komm, wir ziehen dir erst mal das schmutzige Zeug aus!« Und schon hatte sie den Reißverschluss meines Kapuzensweaters geöffnet, während Patrick mir von hinten meine Jogginghose nach unten schob. Wie paralysiert ließ ich mir alles gefallen, brachte kein Wort heraus und schämte mich in Grund und Boden.

»Nun guck doch nicht so!« Silvie sah mich an. »Wir freuen uns sehr, dass du hier bist.« Und dann beugte sie sich vor und drückte ihre warmen Lippen auf meinen Mund. Wow, das fühlte sich fantastisch an! Ihre Zunge öffnete meine Lippen, und dann spürte ich, wie Patricks Hände von hinten über meinen Körper strichen. Die Gedanken schossen wie wild durch meinen Kopf. Als ich die beiden gerade heimlich beobachtet hatte, hatte ich mir nichts sehnlicher gewünscht als Sex, und jetzt konnte ich ihn bekommen. Und das auch noch mit den beiden attraktivsten Menschen, die ich mir vorstellen konnte!

»Äh, freut ihr euch wirklich?«, fragte ich schüchtern.

»Aber natürlich!«, antwortete Patrick, und schon verschloss Silvie meinen Mund wieder mit ihren warmen Lippen.

Als Nächstes hörte ich Patrick »Darf ich?« flüstern, und dann fühlte ich, wie er den Verschluss meines BHs öffnete. Ich erkannte mich selbst kaum wieder, als ich ihm zu Hilfe kam, die Träger von meinen Schultern schob und das Ding einfach zu Boden fallen ließ. Was tat ich hier eigentlich? Aber ehe ich mir die Frage beantworten konnte, spürte ich schon Patricks Hände, die sich um meine Brüste legten und anfingen, an meinen Nippeln zu spielen. Ach, es war doch völlig egal, was ich hier tat, ich war niemandem Rechenschaft schuldig! Bei diesem Gedanken fühlte ich mich mutiger, und zögerlich begann ich, Silvies Kuss zu erwidern. Sie konnte fantastisch küssen, so weich und gleichzeitig leidenschaftlich hatte mich ein Mann noch nie geküsst. Und auch Patrick wusste, genau richtig mit seinen Händen umzugehen, er knetete und drückte sanft meine Brüste und zog immer wieder vorsichtig an meinen Nippeln, was ein heftiges Ziehen in meiner Klit auslöste. Als er eine Hand langsam von hinten in meinen Slip schob, konnte ich nicht anders und stellte die Beine weiter auseinander. Seine Finger öffneten sanft meine Pussy und schoben sich in mich. Ein heißer Schwall Nässe lief aus mir heraus, und Patrick hielt für einen kurzen Moment inne.

»Wer hätte das gedacht?« Er sah seine Frau an. »Die schüchterne Nadine ist gar nicht so anständig, wie sie tut! Fühl mal, Silvie!« Und schon schob Silvie ihre Hand von der anderen Seite in meinen Slip, ließ einen Finger wie zufällig an meiner Klitoris entlanggleiten und drückte ihn dann in mein nasses Loch. Jetzt hatte ich Patricks Finger von hinten in meiner nassen Pussy und Silvies Finger von vorn. Mühelos bewegten sie sich im Gleichtakt vor und zurück, und als Silvie anfing, mit ihrem Daumen sanft über meine Klit zu streicheln, stöhnte ich laut auf. Eigentlich hatte ich doch nur ein bisschen bei meinen Nachbarn durchs Fenster schauen wollen, und jetzt stand ich zwischen ihnen. Silvie küsste mich leidenschaftlich, Patricks eine Hand spielte mit meinen Nippeln, und beide hatten ihre Finger in meiner Pussy! Die Situation war unglaublich geil und erregend, und es dauerte nur ein paar Sekunden, bis es mir kam. Mein Körper bebte unter dem heftigen Orgasmus, die Wellen durchzuckten meine Klit und meine Pussy, und mit geschlossenen Augen gab ich mich ganz diesem unglaublich geilen Gefühl hin. »Ja, so ist es gut«, flüsterte Patrick mir ins Ohr, »lass es einfach kommen …«

Dann war es vorbei, und plötzlich wurde ich mir der Situation wieder bewusst, in der ich mich befand. Ich spürte, wie die Röte in mein Gesicht schoss. Doch bevor ich irgendetwas sagen konnte, hatte Silvie schon meine Hand ergriffen und zog mich hinter sich her zum Sofa. Auf dem Weg dorthin öffnete sie geschickt die Schnürung ihrer Korsage und ließ sie dann einfach auf den Boden fallen. Ihre großen Brüste mit den rosafarbenen Nippeln bebten leicht, als sie sich zu mir umdrehte. Mit einer Hand umfasste sie meinen Nacken. »Fass mich an!«, forderte sie mich auf.

Ich hatte noch nie die Brüste einer anderen Frau angefasst, aber jetzt konnte ich nicht widerstehen. Silvies Haut war weich und warm, und ihre Nippel richteten sich unter meinen Händen auf. Was für ein geiles Gefühl! Jetzt brauchte ich keine weitere Anweisung mehr, meine Schüchternheit war verflogen, ich spürte nur noch Geilheit und Verlangen und beugte mich einfach vor und nahm einen der harten Nippel in den Mund. Ich machte genau das, was ich selbst auch bei mir mochte, saugte abwechselnd sanft und kräftig und umspielte den Nippel mit meiner Zunge. Mutig wechselte ich nach einer Weile auf die andere Seite und machte dort weiter. Als beide Nippel hart und steif nach vorn abstanden, zog Silvie meinen Kopf sanft nach oben. »Komm, legen wir uns aufs Sofa!« Sie zog mich mit sich, legte sich hin und zog mich über sich. Als unsere nackten Brüste sich berührten, konnte ich spüren, wie sich eine Gänsehaut auf meinem Körper bildete. Wir rieben uns aneinander, knutschten und streichelten und gegenseitig, und als sie meine Hand nahm und zwischen ihre Beine schob, ließ ich es einfach geschehen. Mit meinen Fingern erforschte ich das unbekannte Terrain. Ihre ganze Pussy war klatschnass, und ich nutze die Nässe, um meine Finger überall hingleiten zu lassen. Schnell hatte ich ihre Klit gefunden, die heiß und angeschwollen zwischen ihren Schamlippen hervorkam und geradezu danach schrie, gerieben zu werden. Erst traute ich mich nicht so richtig, aber Silvie nahm wieder meine Hand und dirigierte sie so, wie sie es haben wollte. Die unglaubliche Nässe machte es mir leicht, und erst zögerlich, doch dann immer mutiger rieb ich ihre Klit zwischen meinen Fingern. Plötzlich spürte ich, wie zwei Hände sich auf meinen Po legten und mein Slip sanft von meinen Hüften gezogen wurde. Ich drehte mich um und sah Patrick hinter mir stehen. Er hatte seinen Morgenmantel abgelegt und rieb mit einer Hand seinen dick angeschwollenen Schwanz. Dann fing er an zu sprechen.

»Ich will dich durchficken, Nadine, während du es meiner Frau besorgst. Und damit das auch klappt, würde ich vorschlagen, dass du ihr die Pussy leckst!« Er sagte es so, dass klar war, dass er nicht mit Widerspruch rechnete, und er klang ganz anders, als ich ihn bisher erlebt hatte. Ich konnte es kaum glauben, aber es machte mich richtig an. Es war schon unglaublich geil, hier so mit Silvie rumzumachen, aber die Vorstellung, sie zu lecken und dabei gleichzeitig von Patricks dickem Schwanz gefickt zu werden, steigerte meine Geilheit noch. Ich rutschte nach unten, bis mein Gesicht zwischen Silvies Beinen lag. Jetzt konnte ich ihre glatt rasierte Pussy und die angeschwollene Lustperle zwischen ihren Schamlippen zum ersten Mal richtig sehen, und es war einfach nur versaut. Willig streckte ich meinen Arsch nach oben, bereit, von Patrick gefickt zu werden und Silvie dabei mit meiner Zunge zu befriedigen.

Ich hatte keine Ahnung, ob ich das überhaupt konnte, aber als ich Patricks dicke Eichel an meinem Eingang spürte und er seinen Schwanz, ohne zu zögern, fast grob in mich schob, senkte ich meinen Kopf und fing einfach an zu lecken. Jetzt merkte ich auch, dass Patrick das mit dem Durchficken genau so gemeint hatte, wie er es gesagt hatte. Mit harten Stößen trieb er mir seinen Schwanz immer tiefer rein, und nach zwei, drei Stößen hatte er ihn bis zum Ansatz drin, und ich konnte das gleichmäßige Klatschen hören, immer wenn er gegen mich stieß. So kompromisslos hatte mein Ex mich nie gefickt, und ganz bestimmt hatte ich dabei nicht eine andere Pussy geleckt. Das war ohne Zweifel die geilste Situation, in der ich mich je befunden hatte!

Ich versuchte, mich auf Silvie zu konzentrieren, bearbeitet ihre Klit mit meiner Zunge, und als ich anfing, erst sanft und dann fester an ihr zu saugen, wurde ihr Stöhnen immer lauter. Patricks Bewegungen wurden etwas langsamer. »Ja, los, mach's ihr, so braucht sie es! Und wenn du fertig bist, besorg ich's dir richtig!«

Eigentlich besorgte er es mir jetzt schon ziemlich gut, aber okay, vielleicht konnte er es ja *noch* besser …

Silvie stöhnte inzwischen so laut, dass klar war, dass ich nicht mehr viel tun musste. Ich ließ noch einmal meine Zunge kräftig um ihre Klit kreisen, dann kam es hier. Sie schrie auf, und ein Schwall Mösensaft schoss aus ihrer Pussy, der teilweise in meinem Gesicht landete. Wow, sie spritzte ab, davon hatte ich bisher nur gehört, aber ich hatte mir nicht vorstellen können, dass es so etwas wirklich gab. Ich machte einfach weiter, saugte sanft an ihrer Klit und schob zusätzlich noch einen Finger in ihre Pussy. Der nächste Schwall spritzte in meine Hand, und auch die beiden nächsten landeten dort. Dann merkte ich, dass das Zucken in ihrer Pussy weniger wurde, und hörte auf zu saugen. Sie stöhnte nur noch ganz leise und lag schließlich ruhig da. Fast hatte ich Patrick vergessen, so fasziniert war ich davon, dass ich tatsächlich gerade eine Frau zum Orgasmus geleckt hatte! Ich, das kleine Mauerblümchen von nebenan.

Im Gegensatz zu mir schien Silvie ihren Mann hinter mir allerdings nicht vergessen zu haben, denn sie zwinkerte mir einmal zu und verließ dann das Sofa. Sofort war Patrick über mir, drückte mich flach auf das Sofa und schob mir seinen dicken Schwanz wieder bis zum Ansatz in die Pussy. So flach auf dem Sofa liegend spürte ich ihn viel intensiver, und die Reibung war deutlich stärker. Es tat fast weh, wie er mich jetzt vögelte, aber es war auch unglaublich geil. Genauso kompromisslos wie zuvor fickte er mich durch, und obwohl ich das noch nie erlebt hatte, spürte ich, wie ein zweiter Orgasmus sich anbahnte. »Ja, mach's mir, mach weiter, mir kommt's!«, stöhnte ich, und das schien auch für ihn den Ausschlag zu geben. Sein Schwanz schwoll deutlich spürbar ein bisschen mehr an, doch er hielt sich noch zurück, solange ich stöhnend und keuchend meinen Orgasmus erlebte. Dann zog er seinen Prengel aus mir heraus, und das heiße Sperma klatschte auf meine Arschbacken. Vier, fünf, sechs Schübe, ich dachte schon, er würde gar nicht mehr aufhören, doch dann war er fertig und ließ sich keuchend aufs Sofa sinken.

Die plötzliche Ruhe war etwas komisch, doch dann meldete Silvie sich zu Wort. »Ich muss schon sagen, Nadine, das hätte ich dir gar nicht zugetraut.«

»Das hätte ich mir ja selbst nicht zugetraut!« Mehr brachte ich nicht hervor, denn irgendwie musste ich jetzt daran denken, wie es überhaupt zu dieser Situation gekommen war. Meine Nachbarn hatten mich beim Spannen erwischt! Aber das schienen die beiden gar nicht zur Sprache bringen zu wollen. Patrick war mittlerweile aufgestanden und reichte mir die Hand, um mir hochzuhelfen. »War doch echt schön, unser erstes Treffen, oder?« Er grinste mich an. »Was hältst du davon, wenn du uns am Wochenende wieder besuchst?«

Blind Date - Härter als erwartet

Auch in diesem Jahr hatten sich der Winter und die daran anschließende Schlechtwetterperiode endlos lang hingezogen. Jeden Tag hatten sie auf besseres Wetter gehofft, und endlich war es so weit! Seit einer Woche schien nun die Sonne, und mit jedem Tag war es etwas wärmer geworden.

Josh und Eva starteten ihre Saison immer erst, wenn es wirklich warm genug für ihre Outdoor-Aktivitäten war. Mit den steigenden Außentemperaturen stieg zuverlässig auch ihre Stimmung und die Lust, neue Abenteuer zu erleben. So war es in den letzten Jahren gewesen, und so war es auch dieses Mal. Voller Vorfreude sprachen sie nun schon seit ein paar Tagen über ihre Pläne und verfolgten aufmerksam die Wettervorhersage – und die war äußerst vielversprechend. Es sollte so schön bleiben und sogar noch ein oder zwei Grad wärmer werden.

Okay, dann konnte es losgehen.

Kurz entschlossen hatte Josh für dieses Wochenende ein Date in dem Sexportal, in dem sie sich bewegten, eingestellt, und sie hatten gespannt auf die Resonanz gewartet. Sie wurden nicht enttäuscht, ganz im Gegenteil. Scheinbar ging es anderen genauso wie ihnen selbst – die Sonne hatte die Lust auf frivole Abenteuer im Freien geweckt. Fast fünfzig Bewerber innerhalb von ein paar Stunden waren ein eindeutiges Indiz dafür, dass sie nicht die Einzigen waren, die ein bisschen was nachzuholen hatten.

Die Auswahl des perfekten Bewerbers war Joshs Aufgabe. Inzwischen hatten sie einige Erfahrungen gesammelt, und Josh lag bei seiner Wahl so gut wie nie daneben. Eva gefiel es, nicht zu wissen, wem sie in Kürze begegnen würde, und sie vertraute Josh diesbezüglich zu hundert Prozent. Freundlich erteilte er den nicht infrage kommenden Kandidaten eine Absage und tauschte sich dann mit den verbliebenen drei Männern über die jeweiligen Vorstellungen für ein Treffen aus. Schnell stand fest, welcher für sie der Richtige war, und das erste Date für diesen Sommer stand.

Jetzt war es an Eva, das Outfit für ihr Treffen auszusuchen, in diesem Punkt hatte Josh kein Mitspracherecht, doch das war auch nicht nötig. Unter den vielen heißen Kleidungsstücken in ihrem Schrank fand sie mit Leichtigkeit etwas Passendes, schließlich wusste sie genau, dass sie nicht auf dem Weg zu einem Kindergeburtstag waren.

Jetzt war es endlich so weit, Josh hatte das Auto vorgefahren und hielt Eva galant die Beifahrertür auf. In ihrem leichten Sommermantel und mit der lässig ins Haar geschobenen Sonnenbrille sah sie aus, als wollte sie bei dem schönen Wetter einfach nur mit ihrem Mann einen kleinen Ausflug unternehmen. Einzig die megahohen Pumps und die nackten Beine, die unter dem zugeknöpften Mantel hervorlugten, hätten einem aufmerksamen Beobachter vielleicht verraten können, dass sie nicht zu einer längeren Wanderung aufbrachen. Lächelnd stieg sie ins Auto, Josh schloss die Tür, setzte sich hinters Lenkrad und gab Gas.

Den Treffpunkt für heute hatten sie durch Zufall im letzten Jahr auf einer ihrer vielen Touren gefunden. Sie hatten sich auf einer abgelegenen Nebenstraße befunden, und fast wären sie an dem einsam am Waldrand gelegenen Parkplatz vorbeigefahren. Doch dann war Eva im Vorbeifahren die kleine Zufahrt aufgefallen, und Josh hatte den Wagen gewendet, um sich das mal näher anzusehen. Der Platz war ideal für ihre Zwecke, groß und mit vielen wild wuchernden Büschen bewachsen. Doch das Beste war, jedes Mal, wenn sie dort vorbeischauten, waren sie vollkommen allein. Entweder war dieser Parkplatz weitgehend unbekannt oder das angrenzende Waldstück so langweilig, dass es niemanden dort hinzog. Dass die Fahrt dorthin fünfundvierzig Minuten dauerte, störte sie überhaupt nicht – ganz im Gegenteil, sie genossen die Zeit, redeten und lachten und gaben sich auf dem Weg schon mal ganz ihren lustvollen Fantasien hin.

Als sie jetzt über die kleine Zufahrt auf den Parkplatz fuhren, sah alles so aus, wie sie es erwartet hatten. Niemand war zu sehen, und keine unliebsamen Überraschungen warteten auf sie. Ihr Date-Partner war noch nicht da, das passte gut, denn so hatte Eva noch etwas Zeit, um sich vorzubereiten. Allzu eifrige Männer, die es kaum abwarten konnten und deshalb viel zu früh zum Date erschienen, waren überhaupt nicht ihr Ding. Deshalb klärte Josh solche Dinge inzwischen immer schon im Vorfeld, und seitdem klappte das auch ohne Probleme.

Er parkte den Wagen ganz am Ende des Parkplatzes, so hatten sie alles im Blick und konnten reagieren, falls etwas Unvorhergesehenes passieren würde. Ganz entspannt ließ er die Scheibe der Fahrertür herunter und spürte sofort die angenehm sanfte warme Luft, die ins Auto geweht wurde. Eva hatte ihren leichten Sommermantel immer noch nicht aufgeknöpft, und er wusste nicht, was sie daruntertrug. Außer ihren nackten Füßen in den roten Stilettos war nach wie vor nichts von ihrem Körper zu sehen. Nur ihre knallrot geschminkten Lippen waren ein weiterer Hinweis darauf, dass sie nicht vorhatte, einen Waldspaziergang zu machen, das hätte wirklich nicht gepasst. Ein letztes Mal prüfte sie ihre Frisur und ihr Make-up in dem kleinen Spiegel der Sonnenblende, dann lehnte sie sich zurück und ließ per Knopfdruck erst den Sitz ganz nach hinten fahren und dann ihre Rückenlehne in eine flachere Position sinken, sodass sie von außen so gut wie nicht mehr gesehen werden konnte. Sie liebte den erfreuten Gesichtsausdruck der Männer, wenn sie sich näherten und irgendwann den ersten Blick auf sie werfen konnten. Dass sie nicht irgendwelchen gefakten Fotos oder falschen Altersangaben aufgesessen waren, freute die meisten sehr, und man konnte es ihnen ansehen.

Kurze Zeit später hörte Eva auf der Straße auch schon das laute Knattern eines Motors, und dass es sich dabei nicht um ein Auto, sondern um ein PS-starkes Motorrad handelte, war eindeutig. Mit gedrosseltem Tempo bog es auf den Parkplatz ab und fuhr dann gemächlich eine Runde über das Gelände. Fragend schaute Eva zu Josh hinüber, doch der schien nicht nervös zu werden, also hatte wohl alles seine Richtigkeit. So, wie er aussah, schien er selbst ziemlich beeindruckt von dem coolen Auftritt ihres Besuchers zu sein, denn er ließ ihn nicht mehr aus den Augen. Sie hörte, wie das Motorrad sich ihrem Auto näherte und schließlich ganz in der Nähe abgestellt wurde. Da sie selbst nichts sehen konnte, beobachtete sie weiter Josh. Seine Miene war vollkommen unergründlich, was sie sehr verwunderte, da sie normalerweise in seinem Gesicht unmissverständlich ablesen konnte, ob er mit seiner Auswahl zufrieden war oder nicht. Doch dieses Mal veränderte sich sein Gesichtsausdruck nicht, und er ließ sie komplett im Ungewissen darüber, wie sein erster Eindruck war.

Doch das Rätseln hatte für Eva schnell ein Ende, denn plötzlich erschien eine hünenhafte Gestalt an ihrer Seite des Autos und blickte durch die Seitenscheibe ins Innere. Was war das denn? Der Typ war ja komplett anders als alle Männer, die Josh bisher zu solchen Events eingeladen hatte. Sie hatten sich schon mit den unterschiedlichsten Typen verabredet, es waren durchaus auch mal zwei oder drei gleichzeitig, und vom Studententyp bis zum Anzugträger war alles dabei gewesen, aber dieser Kerl hier war mit keinem von ihnen vergleichbar. Vor ihr stand definitiv ein echter Rocker, und zwar nicht so einer, der nur auf harter Typ machte, aber im Grunde nichts drauf hatte, sondern ein ziemlich überzeugendes Original. Er war groß, breitschultrig und langhaarig und, das musste sie zugeben, er faszinierte sie auf so eine Bad-Boy-Art, von der sie immer geschworen hätte, dass das überhaupt nichts für sie wäre. Er trug eine abgewetzte Lederjacke mit dazugehöriger Kutte, seine Augen wurden von einer coolen Sonnenbrille verdeckt, und er machte keinerlei Anstalten, diese abzunehmen.

Eva warf einen etwas verunsicherten Blick zu Josh, doch der nickte ihr aufmunternd zu. »Hey, ich dachte, wir probieren mal was Neues aus, ich hatte nämlich im letzten Jahr den Eindruck, dass einige der Typen dich ein bisschen gelangweilt haben.«

Wie gut er sie doch kannte! Sie hatte es zwar nie erwähnt, aber er lag mit seiner Annahme vollkommen richtig. Tatsächlich hatte sie bei dem ein oder anderen Date im letzten Jahr das immer gleiche und oft fantasielose Verhalten einiger Männer nicht mehr besonders angemacht. Also gut, dann würde sie sich jetzt auf dieses kleine Abenteuer einlassen, sie hatte ja nichts zu verlieren. Die Sache abbrechen konnten sie immer noch, aber wenn sie ehrlich war, gefiel ihr ziemlich gut, was sie bisher gesehen hatte. Sie straffte ihre Schultern und hoffte, dass der Biker ihre anfängliche Unsicherheit nicht bemerkt hatte, doch sie fürchtete, dass ihm das nicht entgangen war.

Jetzt bewegte er eine Hand Richtung Fensterscheibe, und sie sah, dass er an jedem Finger einen fetten Ring trug. Sein Handrücken war tätowiert, und an seinem Hals erkannte sie ebenfalls ein Tattoo, eine Schlange, die sich aus dem Kragen seiner Lederjacke hervor schlängelte. Seine Handbewegung war keine Begrüßung, er kam sofort zur Sache und stellte klar, was er von ihr erwartete. Von Josh nahm er dabei überhaupt keine Notiz.

So einem dominanten Mann war Eva noch nie begegnet, und im ersten Moment ärgerte sie seine bestimmende Art, aber gleichzeitig verspürte sie auch einen ungeahnten Reiz, den dieser Hüne auf sie ausübte. Er schien nicht im Entferntesten daran zu zweifeln, dass sie seinen Befehl ausführen würde, und genau das sorgte dafür, dass sie gerade ziemlich feucht zwischen ihren Schenkeln wurde. Okay, sie brauchte sich nicht zu verstecken, sie war in dem, was sie hier tat, schließlich Profi, und sie würde dieses Spiel jetzt mitspielen. Ihr Körper gab ihr alle Signale, die sie brauchte, um ganz sicher zu sein, dass sie die Situation und die Vorstellung, wie sich alles weiterentwickeln würde, extrem geil fand.

Langsam begann sie, ihren Mantel aufzuknöpfen, und bei jedem Knopf fiel etwas mehr von der ungewohnten Unsicherheit von ihr ab. Das hier würde eine neue Erfahrung für sie werden, ganz klar, doch dem immer heftiger werdenden Kribbeln zwischen ihren Beinen nach zu urteilen, sicher nicht die schlechteste.

Sie war jetzt beim untersten Knopf angekommen, hatte den Mantel aber noch nicht auseinandergeschlagen. Warum sollte sie ihm schon anbieten, wonach er noch gar nicht verlangt hatte? Er würde ihr schon sagen, wie es weitergehen sollte. Mit unverändertem Gesichtsausdruck hatte der Biker ihre Bewegungen verfolgt, und jetzt ließ er seinen Blick für einen Moment auf ihr ruhen, ganz so, als würde er sich ein für ihn bestimmtes, schön verpacktes Geschenk noch mal anschauen, bevor er das Papier herunterriss. Dann hob er die Hand und gab ihr wieder ein Zeichen. Wie er es verlangt hatte, schlug sie den Mantel auseinander und zeigte ihm ihren Körper in der geil-versauten Reizwäsche, die sie für heute ausgesucht hatte. Sie war es gewohnt, dass die Männer eine Reaktion zeigten, wenn sie sich ihnen so präsentierte, viele sogar eine sehr heftige. Doch davon konnte bei dem harten Kerl, der vor ihr stand, keine Rede sein, er warf einen kurzen Blick auf das Angebot, dann griff er in die Innentasche seiner Jacke und holte eine Schachtel Zigaretten heraus. Betont cool zündete er sich eine an und blies den Rauch gegen die Fensterscheibe.

Was sollte das denn jetzt? Eva hatte keine Ahnung, was sie davon zu halten hatte. Normalerweise holten die Männer spätestens jetzt ihren Schwanz aus der Hose und fingen an, sich auf ihren geilen Körper zu wichsen. Doch der Rocker schaute nur lässig zu ihr hinunter und ließ sie warten.

Vielleicht bin ich ja nicht sein Typ? Sie konnte das zwar kaum glauben, aber Ausnahmen gab es immer. Bis gerade war es außerhalb ihrer Vorstellungskraft gewesen, dass es Männer gab, die nicht sofort begeistert auf ihr heißes Outfit ansprangen. Der knallrote BH mit den halben Cups brachte ihre Brüste äußerst vorteilhaft in Stellung, und genau dafür war er auch gemacht. Er zeigte viel mehr, als er verbarg, und dass ihre Nippel sich bei der ganzen Aufregung zusammengezogen hatten und jetzt gut sichtbar über den Cups nach vorn standen, sah ausgesprochen geil aus. Der dazu passende winzige

Minislip, den sie trug, leuchtete ebenfalls knallrot, und das bisschen Stoff bedeckte nur unzureichend ihre Schamlippen. In Kombination mit ihren megahohen, ebenfalls roten Pumps ließ ihr Outfit wohl keinen Zweifel daran, wozu sie sich hier trafen. Sie wollte gefickt werden!

Und trotzdem verhielt sich dieser wilde Typ, der da vor ihrem Auto stand, komplett anders als jeder andere Mann, mit dem sie sich bisher getroffen hatten. Da kein weiteres Zeichen vom ihm kam, beschloss Eva, jetzt selbst mal die Initiative zu ergreifen. Langsam strich sie mit ihren Händen an ihren Beckenknochen entlang, umkreiste mit den Fingern ihren Bauchnabel, ließ die Hände weiter nach oben wandern und nahm dann ihre Nippel zwischen Daumen und Zeigefinger, drehte, zog und streichelte. Zumindest bei ihr selbst zeigten die Berührungen Wirkung, es pochte heftig zwischen ihren Beinen, und auf ihrem Körper hatte sich eine Gänsehaut gebildet. Ob es den Biker auch anmachte, konnte sie nicht mit Gewissheit sagen, aber immerhin schaute er in ihre Richtung. Jetzt musste sie sich ganz auf ihre Erfahrungen und ihre Instinkte verlassen, also machte sie weiter. Während sie mit einer Hand immer noch an ihren Nippeln fummelte, glitt die andere nach unten Richtung Slip. Sie schob das bisschen Stoff zur Seite und schob einen Finger tief in ihre Möse. Warme Nässe empfing sie, genau so, wie sie es erwartet hatte. Das verwegene Aussehen und, ja, auch die schroffe, unhöfliche Art des Bikers hatten bei ihr etwas ausgelöst, und das Ergebnis konnte sie deutlich fühlen. Sie schob sich einen zweiten Finger in die Möse, spielte ein bisschen herum, zog die Finger wieder heraus und ließ sie dann zwischen ihren roten Lippen verschwinden. Sie würde ihr Date schon in Stimmung bringen. Was das betraf, war sie sich sicher: Sie hatte schließlich jede Menge zu bieten. Da konnte er noch so unbeteiligt tun, sie nahm ihm nicht ab, dass er sich nicht für sie und für das, was sie gerade tat, interessierte. Und tatsächlich, jetzt schnippte er seine Kippe lässig zur Seite und widmete ihr wieder seine ganze Aufmerksamkeit. Erneut machte er ein Handzeichen, und Eva registrierte, dass Josh sich auf dem Beifahrersitz bewegte und kurz darauf die Seitenscheibe auf ihrer Seite herunterfuhr. Sie zuckte leicht zusammen. Meine Güte, schoss es ihr durch den Kopf, Josh ist ja auch noch da! Das war ihr wirklich noch nie passiert, dass sie die Anwesenheit ihres Mannes nicht mehr wahrnahm. Er hatte sich bis jetzt aber auch vollständig zurückgehalten, so kannte sie ihn gar nicht. Normalerweise kamen von ihm immer irgendwelche Wünsche oder Anregungen, mit denen er sich in ihr Verführungsspiel einmischte. Bei diesem Date war wirklich alles anders als sonst, und wieder musste sie feststellen, dass es ihr gefiel.

Die Scheibe war kaum unten, als der Biker sich auch schon ins Auto beugte und mit beiden Händen nach ihren Titten griff. Er fasste sie grob an, knetete und drückte, und nur mit Mühe konnte sie ein lustvolles Stöhnen unterdrücken. Diese Genugtuung würde sie ihm nicht geben! Jetzt nahm sie auch zum ersten Mal seinen herb-männlichen Geruch war, eine Mischung aus einfacher Seife und purem Mann. Und dieser Mann ließ keinen Zweifel daran, wer hier der Chef im Ring war, und als er sich nun ihren harten Nippeln widmete, schaffte sie es nicht mehr, ein tiefes Aufstöhnen zu unterdrücken. Verdammt, sie würde es nicht durchhalten, so zu tun, als gefiele ihr seine Art nicht, das wurde ihr gerade klar. Es machte sie geil, wie er sie anfasste, und obwohl sie es nicht für möglich gehalten hätte, wusste sie jetzt, dass sie alles tun würde, was er von ihr verlangte. Jetzt drehte er ihre Nippel zwischen seinen Fingern, zog und drückte viel fester, als sie es selbst gerade noch getan hatte. Ihr Stöhnen wurde augenblicklich unbeherrschter, und vor intensiver Lust wand sie sich auf dem Autositz hin und her, was ihn dazu veranlasste, noch ein bisschen härter zuzugreifen. Doch statt sich gegen seine grobe Behandlung zu wehren, konnte sie einfach nicht anders und begann, langsam ihre Schenkel zu spreizen. Immer weiter öffnete sie die Beine, besessen von dem wilden Verlangen, dass er endlich auch ihre Möse und ihren Kitzler mit der gleichen unerbittlichen Härte wie ihre Nippel bearbeiten sollte. Die Nippel schmerzten bereits heftig unter seinen Fingern, aber sie konnte sich nicht erinnern, schon mal so geil angefasst worden zu sein.

Sie presste ihre Lippen zusammen, stöhnte und keuchte laut weiter und konnte gleichzeitig spüren, wie sich auf dem Autositz unter ihren weit gespreizten Beinen ein nasser Fleck bildete. Egal, er sollte bloß nicht aufhören, auch wenn allein der Gedanke an die vielen versauten Sachen, die er vielleicht gleich noch mit ihr anstellen würde, dafür ausreichte, dass der Sitz wohl heute Abend eine Grundreinigung brauchen würde.

Jetzt hatte der Biker scheinbar endlich zur Kenntnis genommen, wie sie inzwischen dalag. Mit einem süffisanten Grinsen ließ er einen ihrer Nippel los und griff ihr direkt zwischen die Beine. »Du kleine Drecksau!«, flüsterte er mit tiefer Stimme, als er erst ihre Schamlippen mit seinen Fingern weiter auseinanderdrückte und dann mühelos zwei Finger tief in sie hineinschob. Eva spürte, wie sie rot anlief, aber was hatte sie erwartet, schließlich hatte sie sich ihm angeboten, und so, wie sie hier lag, gab es wohl keinen Zweifel, dass er mit ihr machen konnte, was er wollte. Seine Finger bewegten sich genauso grob in ihrer Möse, wie sie zuvor schon ihre Nippel behandelt hatten und einer seiner dicken Ringe rieb dabei gleichermaßen schmerzhaft wie auch unendlich geil über ihren Kitzler. Gerade als sie es nicht mehr aushalten konnte und ihn bitten wollte, etwas vorsichtiger zu sein, zog er seine Hände von ihr weg.

»Umdrehen!« Seine tiefe Stimme holte sie schlagartig in die Realität zurück und ließ sie im ersten Moment zögern. Hatte er wirklich in diesem Befehlston zu ihr gesprochen? »Na, mach schon, Kleine!« Tatsächlich, sein Kommando galt ihr, und er hörte sich nicht so an, als würde er Widerspruch dulden. Und warum machte es sie dann so an? Normalerweise ließ sie sich so einen Umgangston nicht gefallen, aber jetzt erwischte sie sich dabei, wie sie bereitwillig die Position wechselte, ihren Mantel von den Schultern gleiten ließ und sich dann, so gut es ging, auf allen vieren auf dem Autositz platzierte. Selbstverständlich bemühte sie sich dabei, ihm ihren Arsch möglichst vorteilhaft zu präsentieren, denn das war es ja wohl, was er jetzt von ihr erwartete. Sie registrierte gar nicht, dass Josh den Mantel von ihr wegzog und auf den Rücksitz warf, so sehr war sie damit beschäftigt, ihren String zur Seite zu schieben und dabei nicht das Gleichgewicht zu verlieren. Schließlich sollte ihr Date freie Sicht auf sie haben, was auch immer er nun vorhatte.

Doch zunächst passierte gar nichts. Sie wollte sich schon verunsichert zu ihm drehen, als sie endlich wieder seine Pranken zu spüren bekam. Er griff mit beiden Händen zu und behandelte ihre Pobacken genauso grob wie zuvor alles andere an ihr. Ob ihm gefiel, was er zu sehen und zu fühlen bekam, wusste sie genauso wenig wie vorher, denn er gab außer einem tiefen Knurren, das sie überhaupt nicht einordnen konnte, keinen Laut von sich. Eigentlich hatte sie damit gerechnet, nein, vielmehr darauf gehofft, dass sie ganz schnell wieder seine Finger in sich spüren würde. Doch er strich mit seinen Fingerkuppen nur an ihrem nassen Spalt entlang und stoppte erst an ihrem Poloch. Diesmal schob er ihr seinen Finger deutlich rücksichtsvoller hinein, merkte aber wohl schnell, dass diese Behandlung ihr überhaupt nicht fremd war und er nicht auf viel Widerstand stieß. Das nahm er sofort zum Anlass, einen zweiten Finger hinterherzuschieben. Eva zuckte ein bisschen zusammen, aber gleichzeitig entfuhr ihr ein Stöhnen, und sie konnte aus dem Augenwinkel sein zufriedenes Grinsen sehen. Meine Güte, was ließ sie hier nur mit sich machen? Sie war hin- und hergerissen zwischen Scham für ihr unterwürfiges Verhalten und unglaublicher Lust. Aber wenn sie ehrlich war, überwog die Lust.

Sie hatte sich gerade an seine Finger in ihrem Arsch gewöhnt, da zog er sich auch schon wieder zurück. »Na los, setz dich hin!«

Schade, das hätte ich wohl noch ein bisschen länger ausgehalten, ging es ihr durch den Kopf, während sie sich gefügig wieder umdrehte. Jetzt sah sie, dass der Biker dabei war, seine Jeans zu öffnen, und sie bekam ein bisschen Angst. Also keine wirkliche Angst, eher so eine wohlige, aber dennoch ertappte sie sich dabei, dass sie auf seine Hose starrte wie das Kaninchen auf die Schlange. Er hatte den Gürtel und die Knopfleiste schon geöffnet, und die dicke Ausbuchtung in seinen eng anliegenden Boxershorts war deutlich sichtbar. Mit einem lässigen Griff zog er seinen beeindruckenden Schwanz hervor und hielt ihn ihr entgegen. Na, immerhin scheine ich ihm zu gefallen, war Evas erster Gedanke, und das beruhigte sie ein wenig.

Er trat jetzt ganz dicht an die Autotür heran, und sein Rohr ragte ins Wageninnere. »Na, mach schon Kleine, oder muss ich dir erst erklären, was ich von dir erwarte?« Nein, das musste er natürlich nicht … Bereitwillig beugte sie sich vor und öffnete den Mund. Der Riemen verschwand zwischen ihren Lippen, und als er ihn sofort, so tief es ging, in ihren Mund schob, konnte sie fühlen, wie hart und geladen er bereits war. Ihr Kitzler fing unweigerlich noch heftiger an zu pochen, denn sie liebte diesen Zustand der aufgestauten Geilheit bei Männern, es war für sie ein sicheres Zeichen, dass die Kerle so richtig auf sie abfuhren. Und das ging offensichtlich dem coolen Biker nicht anders als den vielen anderen Typen, denen sie vorher die Schwänze gelutscht hatte. Sie schloss die Lippen fester um sein dickes Fickrohr und fing an zu saugen. Das war der Moment, wo die meisten Männer für einige Sekunden die Beherrschung verloren, laut stöhnten und im wahrsten Sinne des Wortes in die Knie gingen. Doch als sie den Blick nach oben richtete, sah sie wieder nur ein zufriedenes Grinsen, und im nächsten Moment spürte sie, wie er mit einer seiner Pranken in ihre Haare griff. Bestimmend zog er sie von seinem harten Prengel weg. »Ich glaube, das gefällt dir viel zu gut, Süße, das muss ja nicht sein!«

Unglaublich, was sie sich hier sagen lassen musste! Aber Eva hatte verstanden, dass sie heute ihre Befriedigung auf eine ganz neue, andere Art erhalten würde, also warf sie nur einen sehnsuchtsvollen letzten Blick auf das Objekt ihrer Begierde und schaute den Biker dann fragend an. »Aussteigen!«

Okay, das klang vielversprechend. Sie hoffte, dass er nicht zu grob zu ihr sein würde, aber noch mehr wünschte sie sich, dass er genauso weitermachen würde, wie bisher. Die Vorstellung jetzt von diesem Hünen richtig durchgefickt zu werden, war unbeschreiblich geil. Sie bemühte sich, so würdevoll wie möglich aus dem Auto zu kommen, was ihr einigermaßen gelang. Jetzt stand sie direkt vor ihm und trotz ihrer hochhackigen Stilettos überragte er sie um einen Kopf. Ohne etwas zu sagen, schloss er die Autotür, drehte sie um, zog ihr den Slip von den Hüften und schob dann erst ihren Kopf und danach ihren Oberkörper durch die geöffnete Seitenscheibe in das Auto.

Nein, das würde er doch jetzt nicht ernsthaft mit ihr machen, oder?

Geistesgegenwärtig hangelte sie ihren Mantel von der Rückbank und schob ihn zwischen den Türrahmen und ihren Körper. Sie konnte sich den Anblick ihres prallen, nackten Arsches, der jetzt aus dem Auto herausragte, so ungefähr vorstellen, und wieder wusste sie nicht, ob sie vor Scham im Boden versinken oder die unendlich geile Situation einfach genießen sollte. Sie fühlte, wie der Biker seine großen Pranken um ihre Hüften legte, seine dicke Eichel an ihrer Pussy ansetzte und dann mit einem heftigen Stoß in sie eindrang. Am liebsten hätte sie vor ungezügelter Lust laut aufgeschrien, aber diese Genugtuung wollte sie ihm nicht geben. Eva presste die Lippen zusammen, und obwohl er mit schnellen, harten Stößen in sie rammelte, schaffte sie es irgendwie, dass nicht mehr als ein leises Keuchen bei jedem Stoß, den er ihr versetzte, zu hören war.

Sie versuchte, sich ein bisschen an dem Fensterrahmen des Autos abzustützen, und als sie dabei den Kopf anhob, hatte sie zum ersten Mal seit gefühlt einer halben Ewigkeit direkten Blickkontakt mit Josh. Er starrte sie fasziniert an, und dann bemerkte sie, dass er seine Hose geöffnet hatte und seinen Schwanz in der Hand hielt. Er wichste im gleichen schnellen Takt, wie der Biker sie von hinten durchfickte, und sie hätte schwören können, dass sie Joshs Schwanz noch nie so lang und hart gesehen hatte.

Durchficken war genau das richtige Wort, um auszudrücken, was der Biker gerade mit ihr machte. Er stieß mit einem unglaublichen Tempo in sie hinein, und wenn sie nicht durch seine vorhergehenden Behandlungen bereits so eine klatschnasse Möse gehabt hätte, hätte sie wohl spätestens jetzt ihre Schmerzgrenze erreicht. So aber schaffte er es zum wiederholten Mal, dass sie das Gefühl hatte, vor Geilheit gleich zu explodieren. Sie spürte, wie sich ihr Unterkörper zusammenzog und sich alle Vorboten eines nahenden, heftigen Orgasmus' ankündigten.

Noch ein, zwei Stöße, dann wäre es so weit …

Doch plötzlich zog der Biker mit einem Ruck seinen Schwanz aus ihr heraus, und fast zeitgleich landete seine flache Hand mit einem lauten Klatschen auf ihrem Arsch. Sie zuckte vor Schmerz zusammen, ihr Kopf flog vor Überraschung nach oben, doch bevor sie ihn sich am Fensterrahmen anstoßen konnte, spürte sie eine unbarmherzige Hand in ihrem Nacken, die sie wieder nach unten drückte. Weitere, harte Schläge landeten auf ihrem Arsch, und jetzt schrie sie jedes Mal vor Schmerz laut auf. Sie wollte gerade ihre Hand schützend vor die schmerzenden Stellen schieben, da hörten die Schläge auf, und bevor sie das Gefühl der wie Feuer brennenden Haut überhaupt richtig wahrnehmen konnte, schob ihr der Biker seinen Schwanz wieder in die Möse. Jetzt ließ er es etwas langsamer angehen, und Eva war ihm fast dankbar dafür. Sie wagte noch einmal einen Blick Richtung Josh und sah, dass er auf ihre wild wippenden Titten starrte und dabei seinen knüppelharten Schwanz nach wie vor rieb, aber er hatte sich dem Tempo des Bikers angepasst und wichste nicht mehr so wild drauflos. Jetzt streckte er eine Hand nach ihren Titten aus, und als er anfing, ihre Nippel abwechselnd zu kneten, konnte Eva ihr Stöhnen nicht mehr unterdrücken. Laut brach es aus ihr heraus, und das schien das neuerliche Startzeichen für den Biker zu sein. Er fickte wieder genauso gnadenlos wie zuvor, und es dauerte nur wenige Stöße, bis Evas Unterleib sich wieder zusammenzog und eine Gänsehaut sich auf ihrem Körper bildete. Josh sah sofort, was gleich passieren würde. Er rückte, so nah es ging, an sie heran, hielt seinen harten Schwanz in ihre Richtung und fing wieder an, wie wild zu wichsen. Als der erste Spermastrahl in Evas Gesicht spritzte, kam es ihr. Während das dicke Rohr des Bikers sie an jeder nur möglichen Stelle in ihrer Pussy rieb und ihr Mann ihr sein Sperma ins Gesicht spritzte, rollten die Wellen eines unglaublich heftigen Orgasmus durch ihre Klit und ihre ganze Pussy, und das unfassbare, unbeschreibliche Gefühl, dass der Orgasmus bei ihr auslöste, wollte gar nicht mehr aufhören. Als ihre Beine nachzugeben drohten, fühlte sie, wie der Biker sie mit Leichtigkeit wieder anhob und noch einmal das Ficktempo erhöhte. Völlig überraschend und wie aus dem Nichts kam es ihr ein zweites Mal, und während sie sich diesem zweiten Orgasmus völlig hingab, hörte sie ein lautes Stöhnen hinter sich. Sie fühlte, wie der Schwanz in ihr noch ein bisschen mehr anschwoll, dann wurde er herausgezogen, und zwei Sekunden später schoss ein heißer Strahl Sperma quer über ihren Arsch auf ihren Rücken. Von lautem Stöhnen begleitet folgten noch drei oder vier dieser geilen Abspritzer, die alle mit einem hörbaren Klatschen auf ihr landeten, dann wurde es wieder ruhig. Eva stand mit geschlossenen Augen und wackeligen Beinen noch für einen Moment da, dann schob sie sich aus dem Autofenster und richtete sich auf. Als sie sich langsam umdrehte, hatte der Biker seine Hose schon wieder geschlossen und zog sich gerade den Helm über den Kopf. Er beugte sich an ihr vorbei zu Josh hinunter. »Du hast ja meine Nummer, melde dich, wenn ihr mich braucht!« Und ohne sie auch nur eines weiteren Blickes zu würdigen, ging er zu seinem Motorrad, schwang sich darauf, startete den laut knatternden Motor und brauste davon.

Das Dröhnen des Motorrads war noch nicht ganz verklungen, als Josh neben Eva stand. Mit einem weichen Handtuch säuberte er ihren Körper und gab ihr dann einen zärtlichen Kuss. »Komm, mein Schatz, ich fahre dich nach Hause. Ich glaube, du brauchst jetzt ein heißes Bad, und dann kuscheln wir uns ganz gemütlich in unser Bett.« Eva antwortete ihm nicht, sondern stieg nur wortlos ins Auto. Josh startete den

Motor und sah sie besorgt von der Seite an. »Alles in Ordnung, Liebling?«

Wieder sagte sie nichts, doch dann drehte sie den Kopf in seine Richtung. »Ehrlich, Schatz, das war das Geilste, was ich je in meinem Leben erlebt habe!«

Die dauergeile Stiefmutter

Ich sitze auf einem sauteuren Designerküchenstuhl und verfolge mit meinen Augen möglichst unauffällig die Frau in dem geschmackvollen, eng anliegenden roten Jumpsuit, die sich geschmeidig durch die Küche bewegt und verschiedenes Fingerfood auf bereitstehenden Silbertabletts verteilt. Mir ist vollkommen klar, dass ich mich dabei nicht erwischen lassen sollte, da das Objekt meiner Begierde, dieser obergeile Luxuskörper mit den abstehenden Nippeln und dem unglaublich runden Arsch, dummerweise der Stiefmutter meiner Freundin gehört. Also hebe ich immer wieder mein Glas mit dem Latte macchiato an und trinke einen kleinen Schluck, während ich meine Augen wandern lasse. Die Latte in meiner Hose zuckt jedes Mal leicht, wenn ich zu meinem Glas greife. Junge, dein Schwanz reagiert schon wie ein dressierter Hund, schießt es mir durch den Kopf, doch gleichzeitig genieße ich das geile Gefühl in meiner Hose.

Ich kann nicht fassen, wie man ernsthaft so ein Kleidungsstück wie diesen roten Jumpsuit anziehen kann, wenn man weiß, dass gleich das Haus voll mit Gästen sein wird, aber gleichzeitig bewundere ich auch ihren Mut. Ihre Aufmachung wird sicherlich nicht bei allen gut ankommen, und ich weiß genau, welcher Ausdruck hier heute Abend ein paar Mal heimlich geflüstert werden wird. Aber selbst meine Oma wusste es schon: *»Tugend ist nur ein Mangel an Gelegenheit«*, und sie hat diesen weisen Spruch oftmals bei passenden Anlässen zitiert. Deshalb bin ich mir auch ganz sicher, dass viele der heute anwesenden Neiderinnen und Moralapostel – wenn sie denn mal eine Gelegenheit zum Sündigen bekommen würden – ihre hehren Ansprüche an die Moral ganz schnell vergessen würden.

Lass dich bloß nicht erwischen, schießt es mir zum wiederholten Mal durch den Kopf, und in diesem Moment legt sich eine klobige Hand auf meine Schulter. Ich zucke vor Schreck zusammen und lasse fast das Glas fallen.

»Na, mein Junge«, dröhnt es jovial durch die Küche, »ich hoffe, du langweilst dich nicht ohne meinen Augenstern.« Verwirrt blicke ich hoch und sehe direkt in das gerötete Gesicht von Lilias Vater. Er grinst mich an und schüttelt mich einmal kräftig an der Schulter durch. »Sie ist gleich bei dir!« Ein leichter Hauch von Alkohol schlägt mir entgegen, und erst jetzt verstehe ich, dass er seine Tochter und nicht seine Frau gemeint hat. Die wendet sich jetzt mit genervtem Gesichtsausdruck um. »Joachim, hast du schon wieder getrunken? Kannst du nicht wenigstens so lange warten, bis die ersten Gäste eingetroffen sind?«

So schnell es sein unförmiger Körper zulässt, geht er zu ihr, legt einen Arm um ihre schlanke Taille und zieht sie an sich. »Nun sei doch nicht immer so streng mit mir!« Er versucht sie zu küssen, doch sie wehrt ihn ab und schiebt ihn von sich weg. »Lass das, ich bin noch nicht mit den Vorbereitungen fertig. Außerdem finde ich es unmöglich, dass du jetzt schon eine Alkoholfahne hast!«

»Okay, okay, ich bin ja schon wieder weg!« Er ist sauer, das kann man hören, und während er an mir vorbeigeht, zuckt er mit den Schultern. »Frauen!«

Kaum hat er die Küche verlassen, dreht sich die Göttin im roten Jumpsuit zu mir um. »Tut mir leid, dass du das mitgekriegt hast, Nico.«

O Mann, sieht diese Frau geil aus! Sie lehnt jetzt lässig an der Arbeitsplatte, und ihr Venushügel wölbt sich deutlich durch den feinen Stoff ihres einteiligen Hosenanzugs. Mein Mund fühlt sich plötzlich staubtrocken an. »Das macht doch nichts, Frau Bernkamp«, krächze ich.

Jetzt seufzt sie. »Na ja, schön ist das ja nicht gerade, wenn du solche Streitereien mitbekommst, aber glaube mir, es ist nicht immer so einfach, mit einem älteren Mann verheiratet zu sein! Er kann dir natürlich viel bieten, aber in mancher Beziehung muss man auch zurückstecken, falls du verstehst, was ich meine.« Und wie zur Erklärung ihrer Worte schiebt sie ihr Becken noch ein kleines Stückchen vor, und jetzt zeichnet sich nicht nur ihr Venushügel deutlich ab, nein, der Stoff hat sich sogar ein bisschen in ihren Spalt geschoben, und ich kann die Umrisse ihrer Schamlippen erkennen.

Ich kann mir ziemlich gut vorstellen, was sie meint, und schlucke schwer. »Ja sicher, das ist bestimmt nicht immer ganz einfach«, presse ich heraus, während ich fühle, wie mir die Röte ins Gesicht steigt. Sie lächelt mich an. »Und weißt du, soo alt bin ja auch noch nicht, dass ich nicht auch Bedürfnisse hätte.«

»Ganz bestimmt nicht, Frau Bernkamp«, stammele ich, »sie sind sicher nicht älter als fünfunddreißig.« Sie sieht ein bisschen älter aus, aber das sage ich nicht.

Ihr Lächeln wird breiter. »Ja, so ungefähr passt das. Und wie alt bist du, Nico?«

»Ich bin neunzehn. Ich werde aber in drei Monaten zwanzig«, schiebe ich noch schnell hinterher.

Mein Schwanz pocht wie verrückt in meiner Hose, und ich bin heilfroh, als sie sich endlich wieder umdreht und sich weiter mit ihren Silbertabletts beschäftigt.

Puh, was war das denn jetzt? Hat sie mich etwa gerade angemacht? Oder habe ich mir das nur eingebildet? Für so eine Frau bin ich doch nur ein kleiner Bengel, der noch ganz grün hinter den Ohren ist. Und außerdem bin ich der Freund ihrer Stieftochter! Aber vielleicht ist ihr das ja egal?

Ich muss auf jeden Fall erst mal wieder ein bisschen runterkommen. Wenn Lilia gleich in die Küche kommt, kann ich ja schlecht mit einer Riesenlatte hier sitzen. Wir sind erst seit zwei Wochen zusammen und hatten bisher noch keinen Sex. Es würde wohl ziemlich schwierig werden, ihr die Ausbuchtung in meiner Hose zu erklären. Schnell hole ich mein Handy raus und checke die WhatsApp-Nachrichten. Erwartungsgemäß haben meine Kumpels mal wieder jede Menge ablenkenden Blödsinn geschrieben, und als Lilia fünf Minuten später vor mir steht, habe ich mich wieder im Griff.

»Hallo Schatz, süß siehst du aus«, begrüße ich sie, und das trifft die Sache ganz genau. Sie sieht aus wie ein niedliches Teenagermädchen, was sie ja auch ist, und sie hat nicht mal im Ansatz den Sex-Appeal ihrer Stiefmutter. Das kann doch wohl nicht wahr sein! Ich bin geil auf eine Frau, die doppelt so alt ist wie ich! Was stimmt nicht mit mir? Lilia gibt mir einen flüchtigen Kuss und lässt sich auf den Stuhl neben mir sinken.

Ihre Stiefmutter dreht sich zu uns um. »Also, ihr zwei könntet schon mal die Champagnerflaschen öffnen, die ersten Gäste sind gleich da. Ihr wisst ja, was zu tun ist, das haben wir ja alles besprochen.« Ihre Nippel sind deutlich zu sehen, und ich frage mich, ob sie vielleicht keinen BH trägt. Lilia scheint nichts zu bemerken, sie verdreht nur genervt die Augen und geht zum Kühlschrank. »Ja, Michelle, das haben wir alles ungefähr hundert Mal besprochen.«

Genau wie ich auch hatte sie von Anfang an keine besonders große Lust gehabt, beim 60. Geburtstag ihres Vaters die Servierkraft zu spielen. Aber wenn ihr Vater ihr sonst auch fast alles durchgehen ließ, in dem Punkt hat er keine Widerrede geduldet. Schließlich wollte er seinen Gästen nicht nur sein Haus, sondern auch seine junge, attraktive Frau und seine ausgesprochen hübsche Tochter präsentieren. Ich kam da als zusätzliche Hilfskraft sehr gelegen, und habe natürlich nicht Nein sagen können, als ich vor ein paar Tagen zum ersten Mal bei Lilia zu Hause war und von ihrem Vater gefragt wurde, ob ich ebenfalls bei seiner Geburtstagsfeier helfen könne.

Allerdings hat sich mein Unwillen schlagartig ins Gegenteil verkehrt, seit ich von Lilia auf diesem Küchenstuhl platziert worden war und dieser saugeilen Frau bei ihren Vorbereitungen zusehen durfte. Jetzt habe ich große Lust auf den Abend, und der Gedanke, die nächsten Stunden in ihrer Nähe zu verbringen, macht mich tierisch an.

Dass Lilias Stiefmutter ziemlich gut aussieht, ist mir natürlich schon bei unserer ersten Begegnung aufgefallen, aber da hat sie ihren Luxuskörper unter einem riesigen Oversize-Pullover verborgen, und unser Kontakt war ziemlich kurz ausgefallen, da Lilia mich so schnell wie möglich die Treppe hinauf in ihr Zimmer bugsiert hat. Die beiden haben offensichtlich kein besonders herzliches Verhältnis zueinander.

Okay, langsam wird es wohl Zeit, meinen Beobachtungsposten zu verlassen und Lilia zu helfen, sonst gibt es noch Krach in dieser Küche, und das möchte ich auf keinen Fall. Ich nehme ihr also die Champagnerflaschen ab und öffne die ersten beiden. Michelle ist jetzt auch fertig mit ihrer Arbeit, wäscht sich die Hände und kommt dann zu mir.

»Gib mir ruhig die Korken, ich werfe sie in den Müll.« Sie streckt mir ihre Hand mit den langen, knallrot lackierten Fingernägeln entgegen, und als ich die Korken hineinlege, schaut sie mir ganz kurz tief in die Augen. O Mann, was geht hier ab? Ich darf jetzt auf keinen Fall rot werden, und schnell wende ich mich Lilia zu. Zum Glück ertönt genau in diesem Augenblick die Türglocke.

»Ah, die ersten Gäste sind da.« Jetzt scheint auch die Gastgeberin etwas nervös zu werden. »Ihr wisst ja, was zu tun ist.« Und schon dreht sie sich um und rauscht auf ihren hochhackigen Sandaletten durch die Küchentür.

Lilia sieht mich an. »Na, dann lass uns den Abend mal hinter uns bringen. Aber ich kann dir jetzt schon sagen, das halte ich nur mit Alkohol aus!« Sie verdreht ihre Augen und schaut mich genervt an.

»Ach komm, das schaffen wir schon«, erwidere ich nur und nehme mir fest vor, dass ich an diesem Abend nicht allzu viel Alkohol trinken werde. Es scheint mir irgendwie sicherer zu sein, nicht den Überblick zu verlieren …

Ab jetzt geben sich die Gäste die Klinke in die Hand. Es dauert nur ein paar Minuten, und das Haus ist rappelvoll. Lilia und ich füllen die bereitgestellten Gläser mit Champagner, stellen sie auf Tabletts und bieten sie den Gästen an. Der Champagner scheint ziemlich gut zu schmecken, viele nehmen gern ein zweites Glas, und der Geräuschpegel ist von lebhaften Gesprächen und lautem Lachen geprägt. Das große Wohnzimmer ist in gedämpftes Licht getaucht, und ein eigens für die Party engagierter DJ sorgt für dezente Hintergrundmusik.

Während ich mit meinem Tablett umhergehe, suche ich mit den Augen den Raum nach Lilias Stiefmutter ab. Schnell habe ich sie gefunden, sie steht umringt von drei Männern mitten im Raum und ist in ein angeregtes Gespräch vertieft. Immer wieder wird in der Runde laut gelacht, und es ist nicht zu übersehen, dass die Kerle sie ziemlich heiß finden. Ganz in der Nähe stehen drei Frauen, stecken ihre Köpfe zusammen und tuscheln miteinander, während sie ständig in Richtung der kleinen Gruppe schauen. Ich kann mir genau vorstellen, um was es geht, und ehrlich gesagt: Ich wäre anstelle der drei auch eifersüchtig auf die Granate im roten Jumpsuit.

Auch Michelle scheint zu bemerken, dass sie unter Beobachtung steht, sie macht noch einen kleinen Scherz, alle lachen, und dann wendet sie sich von den Männern ab. Sie schaut sich suchend im Raum um und plötzlich haben wir Augenkontakt. Sofort fängt mein Herz an zu rasen, und ich umklammere das Tablett fester, damit nichts herunterfällt. Doch was macht sie jetzt? Mit einem strahlenden Lächeln kommt sie direkt auf mich zu.

»Na, Nico, alles klar bei dir? Klappt das mit dem Servieren?« Sie steht jetzt direkt vor mir, und der leichte Duft von Parfüm steigt mir in die Nase.

»Ja klar, Frau Bernkamp«, stottere ich, »kein Problem für mich. Sagen Sie nur Bescheid, wenn ich noch irgendwo helfen kann.« Ich kann den Blick einfach nicht von ihren großen Brüsten abwenden.»Das mache ich, dich kann ich heute bestimmt noch gut gebrauchen.«

Wie hat sie das denn jetzt gemeint?

»Bis später dann, Nico!« Sie greift nach einem Glas Champagner, und während sie sich abwendet, streifen ihre Brüste wie zufällig an meinem Arm entlang. O Gott, das fühlt sich himmlisch an, so groß und weich, und ich muss mich unglaublich zusammenreißen, um nicht laut aufzustöhnen. Jetzt zittern meine Hände so sehr, dass ich schnell in die Küche fliehe, das Tablett abstelle und mich auf einen Stuhl sinken lasse. Ich muss mich ganz weit zurücklehnen, da mein harter Schwanz schmerzhaft gegen meine Hose drückt und ein bisschen Platz braucht. Ich glaube, die unglaublich scharfe Stiefmutter meiner

Freundin steht auf mich, schießt es mir durch den Kopf. So was gibt es eigentlich nur im Kino!

In diesem Moment kommt Lilia in die Küche gestürmt, und schnell rücke ich mit dem Stuhl so weit vor, dass meine Latte unter der Tischplatte verschwindet.

Kaum hat sie mich gesehen, schimpft sie los. »Ich habe jetzt schon keinen Bock mehr, und der Abend hat gerade erst angefangen«. Sie schnappt sich ein volles Champagnerglas und kippt es, ohne abzusetzen, herunter. »Alle kommen sich ja so toll und wichtig vor und versuchen, sich gegenseitig zu übertrumpfen. Mein Haus, mein Auto, meine Frau und meine ach so tollen und talentierten Kinder«, äfft sie die Gäste nach.

Da muss ich ihr schon recht geben, mir ist auch schon aufgefallen, dass einige der Gäste sehr gern über sich und ihre Erfolge sprechen, aber das geht bei mir zu einem Ohr rein und zum anderen wieder raus. Ich bin viel zu sehr damit beschäftigt, immer mal wieder einen Blick auf die Gastgeberin zu erhaschen, während ich mit meinem Tablett zwischen den Leuten umhergehe.

Jetzt greift Lilia sich das nächste Glas.

»Langsam, langsam, mein Schatz«, versuche ich sie aufzuhalten, »sonst ist der Abend für dich ziemlich schnell vorbei.« Aber sie hört nicht auf mich und trinkt auch dieses Glas in einem Zug leer. »Umso besser!«, faucht sie nur. »Michelle hat übrigens gesagt, dass wir jetzt mit dem Fingerfood rumgehen sollen, also los, sonst gibt es noch Gemecker.«

Von meiner Latte ist bei dieser kleinen Szene nicht mehr viel übrig geblieben, und schnell stehe ich auf und schnappe mir eines der vorbereiteten Silbertabletts. »Na, dann mal los«, verkünde ich grinsend, »auf zur Raubtierfütterung!« Ich hoffe, so die Laune meiner Freundin ein wenig anzuheben, aber als ich die Küche verlasse, sehe ich aus dem Augenwinkel, wie sie nach dem nächsten Champagnerglas greift.

Auch das Fingerfood kommt bei den Gästen gut an, und in der nächsten Stunde bin ich damit beschäftigt, die appetitlichen Häppchen anzubieten und für Getränkenachschub zu sorgen. Die Stimmung ist gut, es wird viel gelacht, und als der DJ die Musik lauter dreht und die ersten tanzbaren Stücke auflegt, stürmen sofort einige Frauen auf die kleine Tanzfläche, für die ein Teil des Wohnzimmers ausgeräumt wurde. Ich halte mich abseits und frage nur ab und zu nach, ob ich jemandem noch etwas zu trinken bringen kann. Lilia sehe ich immer nur kurz zwischendurch, sie ist ziemlich schlecht gelaunt, und ich habe den Eindruck, dass sie sich weiterhin den Abend schöntrinkt.

Schnell ist die Tanzfläche rappelvoll, die Gäste sind in Feierlaune, der Alkohol zeigt bei einigen schon seine Wirkung, und es wird ausgelassen getanzt.

»Na, mein Junge«, dröhnt es plötzlich in mein Ohr, »ist das nicht eine tolle Party?« Lilias Vater steht neben mir und schaut mich aus glasigen Augen erwartungsvoll an.

»Ja, das ist wirklich eine super Party, Herr Bernkamp, ganz toll«, pflichte ich ihm bei, und zufrieden tätschelt er meine Schulter.

»Ja, wirklich ganz toll«, bestätigt er sich noch einmal selbst. Mit verschwörerischer Miene beugt er sich zu mir. »Und immer schön Getränke verteilen, mein Junge«, raunt er mir zu, »das hebt die Stimmung.« Dann geht er leicht schwankend wieder zurück zu seinen Gästen.

Kaum ist er aus meinem Blickfeld verschwunden, habe ich auf einmal direkte Sicht auf Michelle. Sie hat die Szene von der anderen Seite des Wohnzimmers beobachtet. Jetzt verdreht sie die Augen und schüttelt ganz leicht den Kopf. Ich nehme meinen ganzen Mut zusammen, lächele sie an und zucke unauffällig mit den Schultern. Sie lacht, und dann zwinkert sie mir plötzlich verschwörerisch zu. *O Mann, galt das wirklich mir?* Vorsichtshalber blicke ich mich einmal um, aber hinter mir schaut niemand in ihre Richtung. Dafür sehe ich Lilia. Sie stützt sich an einer Wand ab und ist kreidebleich. Rasch gehe ich zu ihr. »Was ist los, du siehst so blass aus?«, frage ich sie.

»O Nico, gut dass du da bist«, stöhnt sie. »Mir ist soo schlecht, ich kann nicht mehr. Ich muss mich sofort hinlegen!« Kein Wunder, denke ich, aber ich spreche es nicht aus. Ich greife ihren Arm und bugsiere sie aus dem Raum. Schwankend stützt sie sich bei mir ab und lässt sich von mir die Treppe hinaufziehen. Ich bringe sie in ihr Zimmer, wo sie sich rücklings aufs Bett fallen lässt und sofort leise zu schnarchen anfängt. Meine Güte, das waren wohl ein paar Gläschen zu viel! Vorsichtig streife ich ihre Schuhe und die Jeans ab, ziehe ihren schlaffen Körper richtig aufs Bett und decke sie zu. Mehr kann ich wohl im Moment nicht tun, also mache ich das Licht aus und verlasse den Raum, um wieder nach unten zu gehen.

»Wo willst du denn hin?«, ertönt plötzlich eine sanfte Stimme hinter mir. Vor Schreck zucke ich zusammen und fahre herum. Zehn Meter entfernt von mir steht Michelle. Sie lehnt an der Zimmertür am Ende des Ganges, hat die Arme hinter dem Po verschränkt und schaut mich mit einem unergründlichen Blick an.

»Äh, ich wollte eigentlich wieder nach unten gehen«, stammele ich. »Helfen.«

»Da unten braucht jetzt niemand deine Hilfe. Die kommen schon klar.« Sie macht eine kleine Pause. »Ich könnte deine Hilfe gerade allerdings gut gebrauchen.«

Wie meint sie das denn jetzt?

»Äh ja, wenn das so ist, Frau Bernkamp …« Ich rühre mich

immer noch nicht vom Fleck, sondern starre sie nur an.

»Dann komm«, sagt sie, dreht sich um, öffnet die Zimmertür und geht hinein. Wie an einem unsichtbaren Bindfaden gezogen, gehe ich den Flur entlang und folge ihr in den Raum. Ich schließe die Tür hinter mir und lehne mich mit dem Rücken dagegen. Im gedimmten Licht eines Deckenfluters sehe ich ein großes Bett, einen Schrank und zwei Sessel, die um einen kleinen Tisch drapiert sind.

Michelle steht vor dem Bett. »Unser Gästezimmer.«

Sie will mit dir ficken, Nico, schießt es mir durch den Kopf, sie will wirklich mit dir ficken. »Und womit soll ich Ihnen nun helfen, Frau Bernkamp?«, frage ich mit schwacher Stimme, weil mir einfach nichts Besseres einfällt.

»Ach, weißt du Nico, in meiner Ehe gibt es viele Lücken, und manchmal brauche ich eben jemanden, der mir hilft, diese Lücken zu füllen.« Ich bin mir nicht sicher, aber ich vermute, dass sie das Gesagte im wahrsten Sinne des Wortes meint …

Mit langsamen Schritten kommt sie auf mich zu, und während des Gehens streift sie die Träger ihres roten Jumpsuits über die Schultern. Langsam gleitet der glatte Stoff erst über ihre Brüste und dann über ihren Po nach unten. Sie trägt wirklich keinen BH und steht jetzt nur in einem roten Spitzenstring und ihren hochhackigen roten Sandaletten vor mir. Ihre Brüste sind wunderschön, nicht zu groß, rund und mit wundervoll abstehenden rosafarbenen Nippeln. Ich sauge scharf die Luft ein, als sie sie gegen mich drückt, und als sie beginnt, die Knöpfe meines Hemdes zu öffnen, taste ich mich mit zitternden Händen zu diesen unwiderstehlichen Brüsten vor.

Sie fühlen sich sogar noch besser an, als sie aussehen, wenn ich das auch nicht für möglich gehalten hätte. Vorsichtig drücke ich zu, während sie ihre vollen Lippen um einen meiner Nippel legt und sanft anfängt zu saugen. Sie ist trotz ihrer hohen Absätze ein gutes Stück kleiner als ich, und sie muss sich dafür nur wenig bücken. Mein Schwanz schwillt mit jeder Sekunde mehr an, und ich habe das Gefühl, dass er gleich platzt. Was macht sie nur mit mir? Ich kann kaum noch einen klaren Gedanken fassen und bin gleichzeitig total angespannt und unglaublich erregt.

Michelle kann natürlich auch spüren, was in meiner Hose los ist, und lächelt mich zufrieden an. Mit geschickten Fingern öffnet sie erst meinen Gürtel und dann die Knopfleiste meiner Jeans. Mein Schwanz springt ihr geradezu entgegen, und ich versuche noch, ihn mit einer Hand ein bisschen abzudecken, aber sie schiebt sie einfach zur Seite. »Du brauchst nicht schüchtern zu sein«, haucht sie mir mit verruchter Stimme entgegen, »genau so mag ich es!« Und dann küsst sie meine Brust, es beginnt ganz harmlos, doch als ich registriere, dass sie sich ganz langsam nach unten arbeitet, immer tiefer und tiefer, werde ich leicht nervös. In meinem Kopf geht alles durcheinander. *Sie wird doch nicht etwa … nein, das macht sie nicht … Die Stiefmutter deiner Freundin wird dir jetzt nicht den Schwanz lutschen!*

Sie ist nur noch ein paar Zentimeter mit ihrem Mund von meiner steil nach oben stehenden, bebenden Latte entfernt. »Frau Bernkamp!«, stöhne ich. »Sie können doch nicht …«

»Sag doch einfach Michelle zu mir«, stöhnt sie zurück, »und glaube mir, ich kann alles!«

Jetzt kniet sie vor mir auf dem flauschigen Teppichboden des Gästezimmers, und meine Eichel verschwindet zwischen ihren vollen Lippen. Das ist so unfassbar geil, sie bringt mich fast um den Verstand. Ihr Mund ist warm und weich, und während sie meine Latte immer tiefer hineingleiten lässt, schafft sie es gleichzeitig irgendwie, sie mit der Zunge zu umspielen. Noch nie hat eine Frau – oder in meinem Fall eher ein Mädchen – meinen Schwanz so geil geblasen. Also, ich meine die zwei Mal, die es überhaupt passiert ist. Ich fühle, wie mein Sperma zum Ausgang drängt. »Bitte Michelle, hör auf, sonst muss ich abspritzen, bitte!«

Aber sie hört nicht auf, sie macht einfach weiter, und dann passiert genau das, was ich befürchtet habe. Nur zwei oder drei Sekunden später schießt mein Sperma in ihren Mund, begleitet von einem unbeschreiblich geilen Orgasmus. Ich spritze und spritze, kann selbst spüren, wie viel ich in sie hineinpumpe, immer wieder kommt ein neuer Schub, doch es scheint sie überhaupt nicht zu stören. Fest umschließen ihre Lippen meinen Schwanz, und sie stöhnt mindestens genauso laut wie ich, während sie mein Sperma einfach herunterschluckt. Ich befinde mich in einem völligen Gefühlschaos; noch nie habe ich so etwas Geiles erlebt, während ich gleichzeitig vor Scham fast vergehe.

Irgendwann habe ich den letzten Strahl Sperma abgespritzt. »Frau Bernkamp…«, fange ich mit zitternder Stimme an.

»Michelle.«

»Ja, natürlich, Michelle … Das können Sie, äh, das kannst du doch nicht machen.«

Sie lächelt mich von unten an. »Warum denn nicht, Nico?«

Darauf fällt mir keine vernünftige Antwort ein, und als sie aufsteht, meine Hand nimmt und mich zum Bett zieht, gehe ich einfach mit. Sie streift mir meine Kleidung vom Körper, zieht ihren roten Spitzenslip aus und lässt sich aufs Bett fallen. Ich lege mich neben sie.

Wir liegen uns gegenüber und sehen uns an. »Hat es dir denn nicht gefallen?«, fragt sie mich mit einem unschuldigen Lächeln im Gesicht.

»Doch, doch, das war das Geilste, was ich je erlebt habe«, versichere ich ihr schnell, »aber was ist, wenn dein Mann davon erfährt? Oder Lilia?« Allein der Gedanke daran lässt mich innerlich erschauern.

»Das wird er nicht und deine kleine Lilia auch nicht, die beiden haben es ja heute Abend vorgezogen, sich ins Delirium zu saufen.« Sie lächelt mich an. »Und weißt du, genau das ist das Problem. Er macht das ständig. Und deshalb gibt es bei mir noch verdammt viele Lücken zu füllen.«

Ich kann es nicht verhindern, aber als sie das sagt, schießt das Blut schon wieder in meinen Schwanz. Die Eichel stößt gegen ihren Oberschenkel, und sofort legt sie ein Bein über meine Hüfte. »Und ich hätte nichts dagegen, wenn du jetzt sofort eine davon füllst ...«

Zum ersten Mal im Leben verstehe ich, was das Wort »willenlos« eigentlich bedeutet. Mir ist alles egal, ich denke nicht mehr an einen eventuell wütenden Ehemann, nicht mehr an meine Freundin, nicht mehr daran, dass ich nur halb so alt bin wie diese unglaublich geile Frau neben mir. Ich schalte alle Gedanken ab und konzentriere mich nur noch auf das, was mir gerade angeboten wird. Ich küsse diese vollen verführerischen Lippen und gleichzeitig lasse ich meine Hand zwischen die so offenherzig gespreizten Schenkel gleiten. Ihre Pussy ist weich und glatt und empfängt mich mit einer unglaublichen Nässe.

»Ja, fass mich an«, stöhnt sie, und genau das tue ich jetzt.

Vorsichtig erkunde ich mit meinen Fingern jeden Zentimeter, finde ihre angeschwollene Lustperle, reibe sie ein bisschen und lasse schließlich einen Finger in sie gleiten. Michelle stöhnt und windet sich neben mir, und dann greift sie nach meiner harten Latte. Ich bin mir ziemlich sicher, dass sie prüfen will, ob ich schon wieder kann, und glücklicherweise muss ich sie nicht enttäuschen. Prall und angeschwollen liegt mein Schwanz in ihrer Hand.

»Ich wusste doch, dass ich mich auf dich verlassen kann«,

flüstert sie. Und dann: »Du hast einen echt geilen Schwanz.«

Sie setzt die Eichel an ihrer nassen Pussy an, drückt mich rücklings auf das Bett und schon sitzt sie auf mir, und mein Schwanz steckt tief in ihr. Wie hat sie das nur so schnell gemacht? Egal, es fühlt sich jedenfalls unglaublich geil an, in ihr zu sein. Sie bewegt sich nicht, und ich genieße den Anblick ihrer prallen Brüste, die jetzt direkt über mir schweben und unfassbar gut aussehen. Ich kann nicht anders und greife mit beiden Händen zu. Ich drücke und knete und spiele mit ihren Nippeln, und Michelle wirft den Kopf in den Nacken und lässt mich einfach machen. Dann beginnt sie, sich ganz langsam zu bewegen. Mit einem lasziven Hüftschwung bewegt sie ihr Becken vor und zurück und erzeugt damit eine unglaubliche Reibung an meinem Schwanz. Ich lasse meine Hände sinken, ich bin nicht mehr in der Lage, mich auf etwas anderes zu konzentrieren als auf diesen Druck, mit dem sie mich fast wahnsinnig macht. Sie reibt sich an mir, und ich werde von ihr gerieben, und wieder verfallen wir beide in dieses lustvolle Stöhnen. Doch dann steigert sie das Ganze sogar noch, indem sie die Muskeln in ihrer Pussy immer wieder zusammenzieht und dann wieder lockerlässt. Ich habe schon davon gehört, dass Frauen so etwas können, aber erlebt habe ich es noch nie, und es lässt meinen Schwanz noch ein bisschen größer werden.

»O Michelle«, stöhne ich, »wenn du das machst, muss ich wieder abspritzen!«

Sie keucht jetzt laut. »Warte noch ein paar Sekunden, dann kommen wir zusammen.«

Okay, ein paar Sekunden, das werde ich schaffen. Ich schaue in ihr lustvoll verzerrtes Gesicht und plötzlich fällt alle Anspannung von ihr ab. Ihre Züge werden ganz weich, ein Lächeln huscht über ihr Gesicht, und dann spüre ich, wie sich ihre Pussy ganz eng zusammenzieht. Sie schreit auf, und die heftigen

Wellen, die jetzt über meinen Schwanz hereinbrechen, sorgen sofort dafür, dass ich förmlich explodiere. Zum ersten Mal in meinem Leben kann ich spüren, wie eine Frau kommt, und es fühlt sich unbeschreiblich an. Mein Sperma schießt hervor, wird von ihren Wellen aufgenommen und während sie mich wild reitet, presse ich mir ein Kopfkissen vor den Mund, um meine eigenen Schreie zu unterdrücken.

Dann ist es plötzlich ganz still und unsere Augen treffen sich. Michelle lächelt mich an, auf ihrem Gesicht schimmert ein leichter Schweißfilm, und sie sieht unglaublich glücklich aus. »Das war richtig gut.«

Mehr sagt sie nicht, aber die Worte gehen bei mit runter wie Öl. Diese unglaublich geile, attraktive und erfahrene Frau fand den Sex mit mir »gut«! Das ist viel mehr, als ich zu träumen gewagt hatte.

Jetzt lässt sie sich neben mich auf das Bett fallen. »Ich muss wieder zu den Gästen, Nico, das verstehst du doch, oder?«

»Ja klar, geh nur, ist doch selbstverständlich«, versichere ich ihr schnell, obwohl ich gern noch ein bisschen mit ihr hier auf dem Bett liegen geblieben wäre.

Sie steht auf, zieht sich ihren Slip, den Jumpsuit und ihre Sandaletten an. Mit einem Kuss verabschiedet sie sich von mir, und dann ist sie verschwunden.

Der Drang einzuschlafen ist unglaublich groß, aber ich weiß, dass ich nicht in diesem Haus bleiben kann. Ich zwinge mich aufzustehen, ziehe mich an und dann greife ich zu dem kleinen Notizblock, der auf dem Tischchen liegt. Schnell schreibe ich eine Nachricht an Lilia, in der ich ihr erkläre, dass wir uns nicht mehr wiedersehen werden. Sie wird es verkraften, da bin ich mir sicher. Wir waren nur zwei Wochen zusammen, und wir hatten auch noch keinen Sex. Und irgendwie weiß ich jetzt, dass Sex mit Teenagermädchen niemals wieder dasselbe für mich sein wird. Ich habe Blut geleckt, und ich will mehr davon. Klar, Michelle ist nicht meine Zukunft, aber es wird sich schon irgendwann die Richtige finden …

Ich gehe durch den Flur zu Lilias Zimmer, lege den Zettel auf ihren Nachttisch, laufe die Treppe hinunter und verlasse das Haus.

Vorgeführt und benutzt

Angespannt wartete Maren darauf, dass es endlich losgehen würde. Sie hatte alle Anweisungen befolgt, die er ihr gegeben hatte, und nun hoffte sie inständig, dass man ihr die Aufregung und Nervosität nicht allzu offensichtlich ansah. Sie gab sich große Mühe, cool zu wirken, aber das war leichter gesagt als getan, denn schließlich war das, was hier gleich passieren würde, absolutes Neuland für sie. Zum x-ten Mal fragte sie sich, was sie nur dazu getrieben hatte, sich auf diese gewagte Nummer einzulassen. Was half es ihr jetzt, dass sie sich selbst als naturgeiles Luder sah, immer aufgeschlossen gegenüber neuen Dingen und Experimenten in Sachen Sex? Dies hier hatte definitiv einen ganz anderen Charakter als alles, was sie bisher so getrieben hatte.

Es fiel ihr von Minute zu Minute schwerer, ihre coole Fassade aufrechtzuerhalten, und sie fühlte, dass sie kurz davor war, die Sache abzubrechen. Aber sie musste auch ehrlich zu sich selbst sein – es war nicht nur der Reiz des Neuen gewesen, der sie bewogen hatte, diesen Schritt zu gehen. Der viel stärkere Antrieb hierzu war tief aus ihrem Inneren gekommen. Sie wollte genau das, was sie hier erwartete – vorgeführt und benutzt werden.

Sie gönnte sich einen letzten, kurzen Moment des Zögerns. Dann gab sie sich einen Ruck, atmete noch einmal tief durch und griff zum letzten Accessoire ihres Outfits. Sie legte sich die dekorative Augenbinde um, und augenblicklich sah sie nichts mehr. Nicht das kleinste Fitzelchen Licht drang durch die samtene Schwärze. Nun gab es kein Zurück mehr, sie hatte ihre Entscheidung getroffen.

Mit dem Anlegen der Augenbinde war Maren vollständig angekleidet. Na ja, wirklich angekleidet war sie natürlich nicht, denn außer der Augenbinde trug sie nur zwei weitere Kleidungsstücke: ein Paar knallrote Lackpumps mit schier endlosen Absätzen und hauchzarte schwarze Strümpfe mit Naht und einem edlen Spitzenabschluss.

»Tja, meine Liebe, manchmal ist weniger eben mehr!«, hatte Norman, ihr Freund, kommentiert, als er ihren fragenden Blick in Richtung des Stuhls, auf dem ihr Outfit abgelegt war, gesehen hatte. »Halte dich einfach an alle Anweisungen!«, hatte er noch ergänzt und schon hatte er die Tür hinter sich geschlossen und sie allein in dem Zimmer zurückgelassen.

Ihm hatte sie es zu verdanken, dass sie heute Abend so spärlich bekleidet in diesem Raum stand und nicht wirklich wusste, was auf sie zukommen würde. Sie waren nun seit fast sechs Monaten zusammen, und immer wieder hatte er geheimnisvolle Andeutungen zu seinem Sexleben gemacht, wohl wissend, dass sie darauf anspringen würde. Und so war es auch – ihre Neugierde und ihr permanentes Interesse an neuen Sexabenteuern hatten dazu geführt, dass sie so lange nachgebohrt hatte, bis er ihre Fragen beantwortet hatte. Sie konnte kaum glauben, was er ihr offenbarte: Er gehörte einer Gruppe an, die sich regelmäßig zu tabulosen Orgien in eigens dafür ausgestatteten Räumlichkeiten traf – einem sogenannten Zirkel. Alles war streng geheim und lief nach festen Regeln ab. Zugang zu diesem Zirkel bekam man nur aufgrund der Empfehlung eines Mitglieds, und wenn man die hatte, musste man sich noch einem Aufnahmeritual unterwerfen, bei dem getestet wurde, ob man fähig war, sich uneingeschränkt an Vorgaben und Regeln zu halten. So etwas gab es doch eigentlich nur im Film, oder?

Doch jetzt war es so weit, heute war der Tag ihrer Prüfung.

Norman hatte es ihr so erklärt: »Du wirst den Mitgliedern vorgeführt werden, und sie können dich so benutzen, wie sie es möchten. Danach wird entschieden, ob du in den Zirkel aufgenommen wirst oder nicht.«

Er selbst würde bei ihrer ersten Vorstellung nicht dabei sein, das gehörte zu den Regeln. Seine Aufgabe heute war lediglich, sie herzubringen und anschließend wieder abzuholen.

Gewissenhaft hatte sie sich seitdem an alle Vorgaben gehalten, die Norman ihr im Vorfeld erläutert hatte. Mit vor Aufregung leicht zitternden Händen hatte sie sich ihrer Kleidung entledigt und war dann vorsichtig in die feinen Seidenstrümpfe und die knallroten Pumps geschlüpft. Nur zu gern hätte sie das Ergebnis in einem Spiegel betrachtet, doch den gab es hier leider nicht.

Jetzt stand sie hier, trug Strümpfe, High Heels und Augenbinde und war zur Vorführung bereit. Die letzte Anweisung erfüllt sie, indem sie ihre Beine einen Schritt weit auseinanderstellte. In völliger Dunkelheit wartete sie auf die Dinge, die nun kommen würden.

Obwohl die Luft im Raum angenehm temperiert war, spürte sie, wie sich auf ihrem Körper langsam eine Gänsehaut bildete und ihre Nippel sich zusammenzogen und aufstellten. Sie konnte sich genau vorstellen, wie das jetzt aussah, und ihre innerliche Anspannung ließ etwas nach. Sie hatte schließlich einiges zu bieten, und es gab keinen wirklichen Grund, nervös zu sein. Mit diesem Gedanken straffte sie ihren Körper und hob den Kopf an. Lange würde es jetzt hoffentlich nicht mehr dauern, bis jemand zu ihr hereinkam.

Und tatsächlich, keine Minute später hörte sie, wie die Tür leise geöffnet wurde. Automatisch begann ihr Herz, schneller zu schlagen. Sie wusste nicht, wer da hereingekommen war, so sahen es die Spielregeln vor, und die galt es zu akzeptieren. Norman hatte ihr diesen Teil heute Morgen erklärt.

»Sobald du bereit bist, wird jemand in den Raum kommen, um dich zu inspizieren. Mach dir deswegen keine Sorgen, meine Süße! Wenn du diese erste Prüfung bestehst, und davon gehe ich selbstverständlich aus, beginnt die Zeremonie.« Sie hatte noch tausend Fragen, doch er winkte schon bei der ersten lächelnd ab. »Du hast dich darauf eingelassen, mein Engel, also steh auch dazu, und stell mir bitte keine weiteren Fragen! Du machst das alles freiwillig, und es sollte dir eine große Ehre sein, dass du die Möglichkeit bekommst, unserem Zirkel beizutreten! Es ist ganz einfach, halte dich an die Regeln, dann sind deine Chancen angenommen zu werden und weitere Einladungen zu erhalten, ausgesprochen groß!«

Ein leichter Luftzug streichelte ihre Haut und Maren spürte, wie sich ihr jemand näherte und dann ein Stück von ihr entfernt stehen blieb. Ganz leicht nahm sie den männlich-herben Geruch eines Aftershaves wahr, aber war das deshalb tatsächlich ein Mann, der vor ihr stand?

Nichts zu sehen war ein viel unerträglicher Zustand, als sie es sich vorher hätte ausmalen können. Die Ungewissheit verunsicherte sie, und angespannt und bewegungslos wartete sie einfach nur darauf, was als Nächstes geschehen würde. Die Person vor ihr sagte nichts und bewegte sich auch nicht, aber Maren meinte, gierige Blicke, die über ihren Körper wanderten, wie kleine brennende Stiche auf der Haut zu spüren. Sie ging davon aus, dass der perfekte Sitz ihrer wenigen Kleidungsstücke begutachtet und dabei natürlich gleichzeitig die Gelegenheit genutzt wurde, ihren Körper ausgiebig zu inspizieren. Sie war sich eigentlich ziemlich sicher, dass es da nichts zu beanstanden gab, trotzdem machte die Situation sie nervös. Jetzt kam die Person etwas näher, der Geruch des Aftershaves wurde intensiver, und nun konnte Maren auch noch einen anderen Geruch wahrnehmen. Augenblicklich war sie sich sicher: Vor ihr stand ein Mann. Sie hätte dieses bestimmte Aroma nicht beschreiben können, aber es gab keinen Zweifel.

Nur einen Augenblick später legten sich zwei zupackende Hände, die zu ihrem Erstaunen in Handschuhen steckten, auf ihren Körper. Sie zuckte leicht zusammen, als die Hände ihre Hüften umfassten. Langsam strichen sie an den Seiten ihres Körpers entlang nach oben, vorbei an der Taille bis hin zu ihren Brüsten. Hier wurde der Griff fester, prüfend, fast schmerzhaft drückten die Hände zu. Eine Welle ungeahnter Gefühle durchschoss sie plötzlich, und irritiert stellte Maren fest, dass die Anspannung und die Unsicherheit, die gerade noch mit dem Nicht-sehen-Können verbunden gewesen waren, sich in eine stetig wachsende Erregung verwandelten. Die unmittelbare Nähe des Fremden und seinen herben, männlichen Geruch empfand sie plötzlich als überaus anregend. In ihrer Fantasie sah sie sich selbst in ihren sexy Strümpfen und den roten Pumps im Raum stehen, vor sich ein nackter, gut aussehender Mann, der sie mit seinen Händen erkundete. Das Bild gefiel ihr ausgesprochen gut, und ein angenehmes Kribbeln wanderte an ihrem Körper entlang.

Der Fremde sprach immer noch kein Wort mit ihr, und Maren fragte sich, ob es ihn wohl erregte, dass sie ihm ausgeliefert war und er sie einfach so anfassen konnte, wie es ihm beliebte. Sie wusste es nicht, dafür war sie sich aber umso sicherer, dass *er* genau wusste, wie es um sie selbst bestellt war.

Als er nach ihren Nippeln griff und sie erst zwischen seinen Fingerspitzen drehte und dann plötzlich kräftig an ihnen zog, musste sie sich zurückhalten, um nicht laut aufzustöhnen. Die Lust schoss ihr mit so einer Macht zwischen die Beine, dass es ihr schwerfiel, in der für sie vorgesehenen Position stehen zu bleiben. Der Mann machte einfach weiter, so, als hätte er nichts bemerkt, und erhöhte den Druck seiner Finger sogar noch ein wenig. Dann trat er ganz nah an sie heran. Er war nicht nackt, so, wie sie es sich in ihrer Fantasie vorgestellt hatte, denn ein glatter, kühler Stoff berührte ihre Haut. Er stand jetzt unmittelbar vor ihr, und sie hatte das Gefühl, dass er ihren Geruch aufnahm. Sie konnte hören und sogar spüren, wie er die ihren Duft durch die Nase einsog – wenn auch nur ganz dezent –, und sie musste feststellen, dass das Blindsein ihre anderen Sinne geschärft hatte. Wieder überkam sie die anfängliche Unsicherheit – würde er mit dem Ergebnis zufrieden sein? Aber sie beherrschte sich, gab keinen Laut von sich und behielt ihre aufrechte Haltung mit den leicht auseinandergestellten Beinen bei, sogar als seine Hand hinab zu ihrer Pussy glitt. Mehrmals streichelte er mit seinen Fingern in verschiedene Richtungen über ihren Venushügel, und wieder war sie sich sicher, dass er sie einer Prüfung unterzog, denn eine sorgfältig glatt rasierte Pussy war Bestandteil der Anweisungen gewesen, die man ihr gegeben hatte. Er schien zufrieden zu sein, und seine behandschuhten Finger glitten tiefer. Ohne Vorwarnung schob er ihr einen Finger in die Möse, und wieder zuckte Maren leicht zusammen.

Das kleine Vorspiel hatte bereits deutliche Wirkung gezeigt, denn der Finger fuhr problemlos in sie hinein. Ein kleiner Seufzer entfuhr ihr, und ihre Fantasie sprang wieder an. Als Nächstes würde er ihr bestimmt seinen dicken Schwanz in die Möse schieben, sie hatte das geile Bild direkt vor Augen und konnte es kaum erwarten. Doch schon trat der Finger wieder den Rückzug an, gerade als sie gehofft hatte, dass er sie nun vielleicht ein bisschen fingern würde. Sie konnte sich ungefähr vorstellen, wie der Handschuh jetzt aussah, schaffte es aber nicht, weiter darüber nachzudenken, denn im nächsten Augenblick berührte der Finger schon ihre geschlossenen Lippen. Für einen kurzen Moment roch sie die Mischung aus Leder und Mösensaft, dann drängte er sich zwischen ihre Lippen. Gehorsam öffnete sie den Mund. Das Leder war weich und glatt und fühlte sich ungewohnt in ihrem Mund an, aber Maren wusste, was von ihr erwartet wurde. Gefühlvoll lutschte sie an dem dargebotenen Finger, doch bevor sie sich daran festsaugen konnte, wurde er ihrem Mund auch schon wieder entzogen. Das war ihr alles ein bisschen zu schnell gegangen, sie ließ sich ihre Enttäuschung jedoch nicht anmerken, schließlich hatte die Session ja gerade erst begonnen, und es würden sicherlich noch viele weitere geile Überraschungen auf sie warten, es gab also keinen Grund, ungeduldig zu werden.

Der Mann umrundete sie, blieb dicht hinter ihr stehen und schien jetzt ihre Rückseite genauestens in Augenschein zu nehmen. Ihre langen Haare hatte sie zu einem kunstvollen Zopf geflochten, der ihr auf den Rücken fiel, und sie hoffte, dass ihm der Anblick gefallen würde. Doch ganz unerwartet spürte sie die Hand des Mannes nun zuerst an ihrem Fußknöchel. Langsam strich er über den perfekt sitzenden schwarzen Nylonstrumpf nach oben, wanderte mit seinen Fingern über den edlen Spitzenabschluss und stoppte erst an ihrem schön geformten Po. Sanft streichelte er über die Rundungen und Maren versuchte, ganz locker und entspannt zu bleiben – schließlich wusste sie nicht, was er mit seinen Fingern als Nächstes erkunden würde. Doch nichts von dem Erwarteten geschah, sondern der Mann umrundete sie weiter und stoppte erst wieder, als er direkt vor ihr stand. Sie hörte ein Klicken, und dann legten sich seine Hände um ihren Nacken. Bevor sie begriff, was er da tat, hörte sie wieder das Klicken, und nun fühlte sie kühles Metall an ihrem Hals. Er hatte ihr einen Halsring angelegt, und im nächsten Moment spürte sie, wie er die dazugehörige Leine an dem Ring befestigte. Oh – damit hatte sie nicht gerechnet, und als ob er das Überraschungsmoment noch steigern wollte, hörte sie jetzt auch zum ersten Mal seine Stimme.

»Ich erteile dir nun weitere Anweisungen und möchte nicht, dass du mich unterbrichst oder mir Fragen stellst, sondern dass du ausschließlich zuhörst!« Seine Stimme klang befehlsgewohnt, aber trotzdem ruhig und angenehm. Weil sie nicht wusste, ob sie sprechen durfte, nickte Maren einfach in die folgende Stille hinein.

»Bisher sind wir mit deinem Auftritt sehr zufrieden, meine Liebe!«, fuhr er fort. »Du kommst du nun in den Genuss deiner ersten Vorführung, die darüber entscheiden wird, ob du in unseren Zirkel aufgenommen wirst oder nicht. Ich werde dich gleich in einen anderen Raum führen, und dort überlasse ich dich den Gelüsten aller Anwesenden. Es liegt also an dir selbst, wie diese Nacht endet. Erweist du dich als fügsam und bist in der Lage, uns nach unseren Vorstellungen zu befriedigen, wirst du sicherlich wieder eingeladen. Und nun folge mir, wir beginnen mit der Vorführung!«

Es schien alles gesagt zu sein, denn nur einen Augenblick später spürte Maren einen leichten Zug an ihrem Halsreifen, dem sie mit vorsichtigen Schritten folgte.

Sie ging ein paar Meter in völliger Dunkelheit, und wieder erlebte sie, wie detailliert die ihr verbliebenen Sinne jede Veränderung wahrnahmen. Sie befand sich jetzt in einem anderen Raum, der Boden unter ihren Füßen war viel weicher, und ihre Schritte waren kaum noch zu hören. In ihrer Vorstellung ging sie über einen flauschigen dunkelroten Teppich – ob das allerdings stimmte, wusste sie natürlich nicht. Es war wärmer als vorhin, und sie konnte leise Atemgeräusche hören. Betont langsam wurde sie mehrmals im Kreis herumgeführt, und sie war sich sicher, dass sie gerade von vielen Augenpaaren ausgiebig begutachtet wurde. Klein war der Raum definitiv nicht, das ließ sich schon aus der Anzahl ihrer Schritte und dem Bogen, den sie ging, ableiten. Was sie aber überhaupt nicht einschätzen konnte, war die Größe des Publikums, das ihren Auftritt verfolgte. Bis auf die verhaltenen Atemgeräusche herrschte totale Stille, niemand sprach, und sie hörte lediglich das gedämpfte Klackern ihrer eigenen Schritte. Sie bemühte sich um einen stilvollen und gleichzeitig betörend sexy wirkenden Gang, aber mit verbundenen Augen war das gar nicht so einfach, und sie war sich nicht sicher, wie sie wohl auf die Anwesenden wirkte.

Plötzlich ließ der Zug an ihrem Halsreifen nach, und sie blieb stehen. Mit einem leisen Klicken wurde die Leine von dem Reifen gelöst. Dies schien das Startsignal für die Anwesenden gewesen zu sein, denn nun hörte sie zahlreiche leise Schritte im Raum, und die bewegten sich ganz eindeutig auf sie zu.

Maren hielt ganz still, als die erste Hand ihren Oberarm berührte und angenehm sanft daran herunterstrich. Überraschend zärtlich legten sich weitere Hände von allen Seiten auf ihren Körper, die sie streichelten, an ihren Rundungen entlangfuhren und ihre zarte, glatte Haut liebkosten. Finger spielten mit ihren Handflächen, umkreisten ihre Handgelenke, umschlossen sie dann und hoben ihre Hand gefühlvoll an. Einen Wimpernschlag später berührten Marens Finger die harten Knospen einer weichen Brust. Sie war nicht überrascht, denn die ganze Zeit schon hatte sie das Gefühl gehabt, von Frauen umringt zu sein. Für Männerhände waren die Berührungen viel zu zärtlich und die Hände zu weich und zart. Was für ein schöner Einstieg in einen Abend, der sicherlich auch noch mit ganz anderen Seiten aufwarten würde!

Sie ging von mindestens fünf oder sechs Frauen aus, die sie umringten. Ihre sanften Hände sorgten dafür, dass sie sich zusehends entspannte und die Situation wirklich genießen konnte. Scheinbar wurde erwartet, dass sie ab jetzt selbst aktiv am Geschehen teilnahm, denn was hatte es sonst zu bedeuten, dass ihre Hände jetzt auf den Brüsten der Gespielin vor ihr lagen? Vorsichtig griff sie zu, spielte mit ihren Fingern an den harten Nippeln und wartete auf eine Reaktion. Die ließ zu ihrer Freude auch nicht lange auf sich warten, denn das zärtliche Kneten ihrer Nippel schien der anderen Frau zunehmend Lust zu bereiten. Ihr anfänglich leises Stöhnen war inzwischen deutlich zu hören, und es steigerte sich, je intensiver Maren sich den zusammengezogenen, aufragenden Nippeln widmete. Gleichzeitig drängten sich nun von allen Seiten nackte Frauenkörper immer enger an sie heran. Forschende Finger glitten vorsichtig durch ihren Spalt und griffen an ihren Po, warme Münder umschlossen ihre Nippel und saugten, wendige Zungen spielten daran, und weiche Lippen küssten ihren Nacken, ihren Rücken und ihren Po, während gleichzeitig mindestens zwei Finger in ihrer Pussy steckten und sie fingerten. Marens Erregung wuchs mit jeder Sekunde, sie hatte sich nun ganz auf das Spiel mit den verbundenen Augen eingelassen und alle ihr verbliebenen Sinne konzentrierten sich auf die vielen geilen Berührungen, den Duft, der von den Frauen ausging, den Geschmack von fremder Haut und fremden Lippen und das leise allgegenwärtige Stöhnen.

Sie wurde mutiger und ließ ihre Hände von einem Körper zum anderen wandern, tastete, streichelte, griff zu und erwiderte die ihr angebotenen Küsse. Die vielen Reize, die von allen Seiten über sie hereinbrachen, durchströmten sie mit einer unglaublichen Intensität, und sie zuckte erschrocken zusammen, als sie plötzlich an ihrem Halsreifen in eine bestimmte Richtung gezogen wurde. Es kam ihr vor, als würde sie aus einer Trance erwachen, als zwei der Frauen ihre Arme ergriffen und sie ein kurzes Stück durch den Raum führten.

Sie dirigierten sie zwei Stufen hinauf und bedeuteten ihr dann, sich zu setzen. Der Untergrund fühlte sich angenehm weich auf ihrer Haut an, und sie mutmaßte, dass es sich um ein Fell handelte, das auf einem erhöhten Podium lag. Sanfte Hände drückten sie nach unten und sorgten dafür, dass sie sicher und angenehm darauf zu liegen kam. Schnell war klar, dass ihre Liegefläche problemlos von allen Seiten zu erreichen war, denn kaum lag sie, waren sofort wieder zahlreiche Hände da, die sich mit ihrem Körper beschäftigten.

Obwohl Maren vermutete, dass es immer noch Frauen waren, die sie umgaben, hatte sich die Atmosphäre verändert. Es ging nicht mehr nur um zärtliches Gefummel, das war eindeutig. Ihre Nippel wurden geknetet und zwischen Fingern gedreht, ständig küssten andere Lippen sie leidenschaftlich, während gleichzeitig jede noch so kleine erogene Zone ihres Körpers gereizt wurde. Ihr ganzer Körper vibrierte vor Lust, und sie wusste kaum, auf welche Stelle sie sich konzentrieren sollte.

Dann wurden ihre Beine sanft aber bestimmend auseinandergedrückt. Weiche Lippen tasteten sich langsam an den Innenseiten ihrer Schenkel vor, bis sie ihre Pussy erreicht hatten. Eine geschickte Zunge öffnete ihre Schamlippen, und Maren fühlte, wie eine unglaubliche Welle der Erregung in ihre Klit schoss, noch bevor sie überhaupt berührt wurde. Sie drückte sich nach vorn der Zunge entgegen, und in dem Moment, als sie aufeinandertrafen, wäre es ihr fast gekommen. Doch die Frau zwischen ihren Beinen schien genau um ihren Zustand zu wissen, denn sie zog sich sofort wieder zurück, und Maren lag mit gespreizten Beinen da und wünschte sich nichts sehnlicher, als wieder berührt zu werden. Es dauerte zwei, drei, Sekunden, dann war die Zunge wieder da. Eine kurze, intensive Begegnung, und schon zog sie sich wieder zurück. Maren stöhnte vor Lust, und wieder war die Zunge da, reizte sie fast qualvoll und war wieder verschwunden. Sie würde den anrollenden Orgasmus nicht mehr lange verhindern können, darüber machte sich Maren keine Illusionen; zum ersten Mal in ihrem Leben hatte sie sogar das Gefühl, dass eine weitere Berührung nicht mehr nötig war – er würde kommen, wenn die Zunge sich ihr nur näherte. Doch unvermittelt, wie auf ein verabredetes Zeichen hin, zogen sich alle Hände und Lippen von ihr zurück, und im nächsten Moment lag sie allein und mit weit gespreizten Beinen da. Sie fühlte die unglaubliche Nässe, den Saft, der einfach aus ihrer geöffneten Pussy lief und einen nassen Fleck unter ihren Pobacken bildete. Sie befand sich immer noch in einer Art Rausch, in den die Frauen sie versetzt hatten, und dass sie nichts sehen konnte, verstärkte dieses Gefühl noch.

Doch dann wurde sie jäh aus ihrem entrückten Zustand gerissen. Ohne Vorwarnung griff ihr eine Hand zwischen die Beine und gierige Finger suchten sich den direkten Weg in ihre Möse. Sie wusste sofort, dass das eine Männerhand war. Ein zufriedenes Keuchen ertönte, dann wurde die Hand zurückgezogen, und nur einen Atemzug später drängte sich ein harter Schwanz zwischen ihre Beine, und ein massiger Körper kam über sie. Er schien keine Zeit verlieren zu wollen, seine dicke Eichel drückte gegen den Eingang ihrer Möse, und dann führte er seinen harten Prengel mit einem Stoß in sie ein. Maren zuckte zusammen, der Schwanz glitt zwar mühelos in ihre nasse Pussy, aber die fordernde, keinen Widerspruch duldende Art und Weise, mit der sie jetzt genommen wurde, stand im krassen

Gegensatz zu der vorherigen Situation. Und trotzdem – ihre Möse war mehr als aufnahmebereit, der Schwanz war geil und dick und hart, und als er bereits beim zweiten Stoß bis zum Ansatz in ihr versenkt wurde, war es um sie geschehen. Sie reagierte sofort, die aufgestaute Geilheit, die die Frauen mit ihren Berührungen bei ihr hinterlassen hatten, suchte sich von einer Sekunde auf die andere ein Ventil, und ihr ganzer Körper wurde von einem heftigen Orgasmus durchgeschüttelt. Sie stöhnte laut auf, und während sie sich immer wieder aufbäumte und die Lustwellen sie durchströmten, wurde sie weiter hart gefickt. Genau darauf hatten die Frauen sie vorbereitet, und sie drückte sich dem dicken Prengel entgegen, wollte in ihrer Geilheit immer noch mehr und härter gefickt werden, und der Fremde über ihr ließ sich nicht lange bitten. Er fickte sie wie von Sinnen und hörte erst auf, als die Wellen ihres Orgasmus nachließen und sie erschöpft unter ihm zusammensank. Er war selbst noch nicht gekommen, seine Latte steckte immer noch steif und knallhart in ihr, aber er gönnte ihr eine kurze Pause und bewegte sich nicht mehr.

Wow, damit hatte sie nicht gerechnet! Gerade noch hatte sie sich genießerisch stöhnend von zahlreichen zärtlichen Händen verwöhnen lassen, und dann reichte es aus, wenn ein Mann ihr seinen dicken Schwanz reinsteckte, sie mit ein paar Stößen wie wild durchvögelte, und schon kam es ihr so heftig, dass ihr im wahrsten Sinne des Wortes Hören und Sehen vergangen waren! Wow, was für eine Erfahrung!

Nach und nach drangen die Geräusche um sie herum wieder zu ihr durch. Etwas an der Atmosphäre im Raum hatte sich komplett verändert, das war ihr schnell klar. Lautes Stöhnen drang aus verschiedenen Richtungen in ihre Ohren, Menschen bewegten sich im Raum, und Körper rieben sich aneinander. Die vorher so ruhigen Zuschauer waren jetzt selbst aktiv, und den Geräuschen nach zu urteilen, waren das deutlich mehr Personen, als sie vermutet hatte. Sie war sich ziemlich sicher, dass sich gerade eine Orgie größeren Ausmaßes um sie herum anbahnte, in deren Mittelpunkt sie, für alle gut sichtbar, auf einem erhöhten Podest lag.

Jetzt fing auch der Mann über ihr an, sich wieder zu bewegen. Mit gleichmäßigen rhythmischen Bewegungen schob er ihr seinen Schwanz in die Pussy. Weitere Männer drängten sich um sie, ihre Hände wurden gegriffen und um zwei harte Schwänze gelegt. Die Aufforderung war unmissverständlich, und sofort begann sie, die beiden Latten zu wichsen. Gleichzeitig kneteten Hände ihre Titten und rieben an ihren Nippeln, und sie machten es so geschickt, dass eine neue Welle der Lust sie durchströmte. Als jemand mit sanftem Druck ihren Kopf in seine Richtung zog, wusste sie schon, was kommen würde, und willig ließ sie sich dirigieren. Eine dicke Eichel teilte ihre Lippen und drang in ihren Mund ein. Sie musste sich nicht anstrengen, der Mann hielt ihren Kopf und fickte sie langsam in den Mund. Jetzt beschäftigten sich mindestens fünf Männer mit ihr, sie wurde gefickt, ihre Titten wurden befingert, sie wichste zwei Schwänze, und einen hatte sie im Mund. Und obwohl die Situation völlig anders war als vorhin, als die Frauen sie umringt und verwöhnt hatten, war sie dennoch mindestens genauso geil. Maren hatte Lust auf dieses Spiel, es war noch viel geiler, als sie es sich im Vorfeld in ihrer Fantasie ausgemalt hatte, und das sollten alle Beteiligten ruhig wissen. Jede Nervosität war von ihr abgefallen, und sie fühlte sich ganz in ihrem Element. Und dass mittlerweile nicht nur sie in diesem Raum so richtig durchgefickt wurde, war offensichtlich, denn von überall drangen eindeutige Geräusche in ihre Ohren. Das bestärkte sie und spornte sie an. Es war genau diese ungezügelte Hemmungslosigkeit, dieses Sich-Ausleben ohne Reue, was sie sich vom heutigen Abend erhofft hatte.

Sie konnte sich kaum auf eine Sache konzentrieren, alles fühlte sich unendlich gut an, und den Männern schien es ebenfalls zu gefallen, denn plötzlich spürte sie, wie einer der Schwänze in ihren Händen zu zucken begann. Sie versuchte, ihn etwas mehr in Richtung ihres Körpers zu ziehen, und schon klatschte ein satter, warmer Spermastrahl quer über ihre Brüste – begleitet von lautem Gestöhne. Sofort verrieben Hände den warmen Saft und bestrichen ihre Nippel damit, und das war dann wohl für den Typen über ihr ein willkommener Anlass, sein Sperma ebenfalls abzuschießen. Er zog seinen prallen Schwanz aus ihrer Möse, wichste kurz und spritzte ihr dann sein warmes Zeug direkt zwischen die Schamlippen. Maren konnte fühlen, wie es erst aufklatschte und dann langsam nach unten rann. Sie wand sich vor Lust und gab sich dem geilen Gefühl, das Objekt der Begierde so vieler Männer zu sein, vollkommen hin. Sie bekam kaum mit, dass fleißige Hände ihre Pussy säuberten und erst als einer der Männer sie mit befehlsgewohnter Stimme unmissverständlich aufforderte, sich auf alle viere zu begeben, wurde ihr klar, dass das gerade nicht der einzige Kerl gewesen war, der sie heute ficken wollte, und ein glückliches Lächeln huschte über ihr Gesicht. Sie erlebte gerade etwas, wovon sie schon lange heimlich geträumt hatte.

Für einen Moment zogen sich die Männer von ihr zurück und gaben ihr Gelegenheit, sich zu positionieren. Sie wusste genau, wie sie sich am besten präsentieren konnte, und das anerkennende Gestöhne um sie herum gab ihr recht. Die schwarzen Strümpfe, die roten Pumps, sie selbst leicht vorgebeugt mit gespreizten Beinen auf allen vieren … Maren sah den versauten Anblick in ihrer Fantasie genau vor sich. Doch bevor sie sich weiter mit dem Gedanken beschäftigen konnte, drängte sich von vorn ein dicker Schwanz in ihren Mund, und ein anderer

Kerl bestieg sie von hinten. Er hatte wohl schon die ganze Zeit auf seinen Einsatz gewartet, denn er schaffte keine zehn Stöße, da war seine Vorstellung auch schon wieder beendet, und er spritzte ihr seine Ladung über Arsch und Rücken. Jetzt ging alles viel schneller, auch der Schwanz in ihrem Mund fühlte sich schon knallhart an und würde sicherlich nicht mehr lange durchhalten – und das war nun wirklich kein Wunder. Die Orgie um sie herum schien in vollem Gange zu sein, überall wurde gefickt, geleckt und geblasen, zumindest hörte es sich so an, und das allein reichte ja schon aus, um sie, die nichts sehen konnte, total heißzumachen. Wie sollten sich da die anderen, die zusätzlich noch allen optischen Reizen ausgesetzt waren, zurückhalten können?

Sie fragte sich gerade, ob wohl noch ein weiterer Kerl sie ficken würde, als sich jemand von der Seite auf das Podest schob und sich unter sie legte. Eine Hand legte sich auf ihren Po und drückte ihr Becken sanft nach unten. Willig folgte sie der Bewegung und schon spürte sie, wie ihre Pussy gegen einen harten Widerstand stieß. Das war geil, jetzt kam sie auch noch in den Genuss zu reiten, und das gehörte definitiv zu ihren Lieblings-Sex-Positionen. Sie kam tiefer, und eine harte Latte glitt in sie. Stöhnend hob sie den Kopf ein wenig an und fast hätte sie dabei den Schwanz, den sie gerade lutschte, verloren. Doch der Mann, der vor ihr stand, reagierte sofort, er hielt ihren Kopf fest und fickte sie einfach in den Mund, sodass sie sich ganz auf den neuen Lover unter sich konzentrieren konnte. Sie bewegte ihr Becken vor und zurück, und jedes Mal nahm sie den Schwanz bis zum Anschlag auf. Der Mann auf dem Podest stöhnte im Rhythmus ihrer Bewegungen, und auch von vorn hörte sie lautes, aufgegeiltes Keuchen.

Zu gern hätte sie sich jetzt selbst in einem Spiegel gesehen, aber dieser geile Anblick war ihr heute leider nicht vergönnt, und sie konnte nur immer wieder ihr Kopfkino anspringen lassen. Vor ihren Augen lief ein Film ab, in dem ein unglaublich gut aussehender, muskulöser Mann vor ihr stand und ihr immer wieder sein dickes Rohr in den Mund schob, während unter ihr ein ganz junger Mann lag, vielleicht gerade zwanzig Jahre alt, mit dunklen Locken und schönen, kantigen Gesichtszügen, dessen langer Schwanz bei jedem Hüftschwung tief in sie eindrang. Die vielen anderen Männer, die sie umringten, sie befummelten und mit ihren Händen über ihre intimsten Stellen strichen, waren gesichtslos und erfüllten für Maren nur den einen Zweck: ihre Lust in ungeahnte Höhen zu schrauben.

Sie fühlte, dass sich ein zweiter Orgasmus unaufhaltsam anbahnte, und auch der Schwanz in ihrem Mund war inzwischen knallhart, und sie konnte die ersten Tröpfchen seines Spermas schon auf der Zunge spüren. Und auch der Mann unter ihr wollte jetzt mehr, er umfasste ihre Hüften, schob sie ein Stück nach oben und übernahm das Kommando. Mit kräftigen, schnellen Stößen trieb er ihr sein langes Rohr in die Pussy, und als dann der Schwanz in ihrem Mund zu zucken begann und der erste Spermastrahl hervorschoss, kam es ihr ebenfalls. Das Gefühl, von zwei Männern gleichzeitig so geil genommen zu werden, überwältigte sie, und die heftigen Wellen des Orgasmus durchströmten erst ihren ganzen Körper und entluden sich dann in ihrer Klit und ihrer Pussy in einem heftigen Beben und Zucken. Diese Form der Schwanzmassage war dann wohl auch für den Mann unter ihr zu viel, er stieß einen lauten Schrei aus, fickte noch ein paar Mal wie rasend in ihre Pussy und hielt sie dann einfach fest und entlud sich in ihr. Schließlich hielten alle drei erschöpft inne und bewegten sich nicht mehr.

Als Erster zog sich der Typ vor ihr zurück, dann wurde Maren von vielen Händen angehoben und vorsichtig auf das

Podest gelegt. Leises Klatschen ertönte, und Maren konnte sogar einen kaum vernehmbaren, anerkennenden Pfiff hören. Warme Lippen legten sich auf ihren Mund und küssten sie zärtlich, immer wieder waren es neue, anders schmeckende, und als es aufhörte, war Maren sich sicher, dass jede Frau und jeder Mann in diesem Raum sie geküsst hatte.

***

Eine halbe Stunde später saß sie neben Norman im Auto. Sie trug immer noch die Augenbinde und war nur mit einem dünnen Mantel bekleidet. Langsam zog sie das schwarze Tuch, das sie den ganzen Abend begleitet und ihr dabei geholfen hatte, sich ohne Scham ganz und vollkommen zu öffnen, von den Augen, und blinzelte ihren Freund erwartungsvoll an. Er hatte bisher noch kein Wort gesagt, sie lediglich am Ausgang in Empfang genommen, ihr den Mantel um die Schultern gelegt und sie zum Auto geführt.

Jetzt huschte ein Lächeln über sein Gesicht. »Tja, meine Liebe, was soll ich sagen? Du bist eingeschlagen wie eine Bombe! Man hat dir gerade den Titel ›Heißeste Debütantin aller Zeiten‹ verliehen, und glaube mir, das ist vollkommen ernst gemeint. So eine heftige Orgie hat in unserem Zirkel seit ewigen Zeiten nicht mehr stattgefunden, da waren sich alle einig.«

Völlig perplex sah Maren ihn an. »Wirklich? Das haben sie gesagt?«

»Ja, allerdings! Und nicht nur das! Außerdem ist es dem Zirkel eine Ehre, dich aufzunehmen, und alle würden sich freuen, wenn du unserem Kreis regelmäßig beiwohnst!«

Mit einem lauten, fröhlichen Lachen brach die Erleichterung aus Maren heraus.

»Wie geil ist das denn! Ich kann es ja kaum glauben!« Sie strahlte ihn an. »Fahr endlich los! Ich kann es kaum erwarten, dir zu Hause alles ausführlich zu erzählen.« Sie zwinkerte ihm zu. »Und wenn du ganz lieb bist, spielen wir die ein oder andere Szene heute vielleicht noch nach!«

SurferBoy – Nicht nur die Welle wird geritten

Sie schafften es noch nicht einmal bis zum Hotelzimmer. Wild knutschend hatten sie den Aufzug verlassen und waren bis jetzt wahrscheinlich nur deshalb ungestört geblieben, weil die meisten Gäste um diese Zeit noch irgendwo unterwegs waren und feierten.

Meine Güte, Alina konnte es selbst kaum glauben, was sie hier gerade trieb! Vier, fünf Meter hatten sie sich fummelnd und knutschend den Gang entlanggeschoben, dann hatte Lenny sie in dem voll beleuchteten Hotelflur gegen die Wand gedrückt und sich fordernd von hinten gegen sie gepresst. Jetzt griff er mit einer Hand in ihr Haar, biss ihr sanft ein paarmal in den Nacken und ließ doch keinen Zweifel daran, dass er sie vorerst nicht aus seiner Umklammerung entlassen würde.

Was für ein Typ! Er riss sie mit seiner puren männlichen Energie und seiner sexgeladenen Leidenschaft einfach mit, und sie hatte alle Bedenken über Bord geworfen und wollte sich genau jetzt und genau hier von ihm vögeln lassen. Es war ihr vollkommen egal, dass es nicht gerade unwahrscheinlich war, dass jemand in diesem Hotelflur auftauchen könnte. Ganz im Gegenteil, der Gedanke daran, es hier mit ihm zu treiben und dabei eventuell erwischt zu werden, turnte sie sogar mächtig an. Auffordernd drückte sie ihren Po gegen seinen harten, erregten Schwanz, wollte, dass er endlich unter ihren kurzen Rock griff und selbst ertastete, wie sehr sie es brauchte. Den Gefallen tat er ihr aber nicht, sondern griff stattdessen unter ihr Top und umfasste mit seinen großen Händen ihre Brüste.

Okay, das war natürlich auch nicht schlecht, zumal er, nachdem er zwei-, dreimal kräftig zugedrückt hatte, anfing, ihre Nippel mit seinen Fingern zu bearbeiten. Gut, dass sie heute auf einen BH verzichtet hatte! Es war ihre volle Absicht gewesen, ihn heißzumachen, und das war ihr definitiv gelungen.

Stöhnend genoss sie, wie er ihre Nippel zwischen Daumen und Zeigefinger drückte, erst sanft und dann immer unnachgiebiger, ganz so, als wüsste er bereits, dass sie darauf stand, von einem Mann beim Sex auch mal härter angefasst zu werden.

»Mmmmh, du hast geile Nippel! Und ich glaube, du stehst auf das, was ich gerade mit ihnen mache, nicht wahr?«

Während er ihr die Frage ins Ohr stöhnte, griff er noch eine Spur fester zu und augenblicklich verspürte sie einen lustvollen Stich der Erregung zwischen ihren Beinen, presste ihre Lippen vor lauter Geilheit zusammen und war nicht mehr in der Lage, ihm zu antworten. Nur ein leises Stöhnen drang aus ihrem Mund. Das genügte ihm als Antwort völlig, und mit einem wissenden Lächeln im Gesicht nahm er kurz den Druck von ihren Nippeln, jedoch nur, um dann umso fester wieder zuzudrücken. Währenddessen hörte er nicht auf, sanft in ihren Nacken zu beißen, und die Welle der Erregung, die ihren ganzen Körper durchflutete, trieb sie fast in den Wahnsinn. Sie drückte ihren Po noch fester nach hinten gegen die harte Ausbuchtung in seiner Hose und sah sich zu ihm um.

»Bitte fick mich, mach einfach, ich will es!«

Meine Güte, bettelte sie ihn wirklich darum an, sie hier im Hotelflur zu ficken!? Ja, das tat sie, und sie meinte es verdammt ernst damit. »Na los, ich brauche es!« Sie presste die Worte zwischen ihren Lippen hervor, und als Reaktion darauf schob er eine seiner Hände unter ihren kurzen Rock.

Seine Finger zogen ihren String zur Seite, tasteten sich vor, fanden ihr Ziel, und laut aufstöhnend ging sie etwas in die

Knie. Doch sofort zog er sich wieder von ihrer empfindlichsten Stelle zurück und tauchte in ihre Nässe ein. Widerstandslos glitt er tief in sie, schob seine Finger ein paar Mal hin und her, zog sie wieder heraus und rieb dann wieder sanft über ihre Lustperle. Jetzt konnte sie es kaum noch aushalten, und mit einer schnellen Bewegung schob sie sich selbst den Rock hoch und den String weiter zur Seite. Doch er ließ sie immer noch ein bisschen zappeln, spielte weiter mit ihren Nippeln und ließ einen Finger sanft durch ihren Spalt und in ihre nasse Möse gleiten. Sie war mehr als bereit, von ihm gefickt zu werden, und wartete nur noch darauf, dass er endlich seinen Schwanz aus der Hose holte und loslegte.

O Mann, was mache ich hier bloß, schoss es ihr noch einmal durch den Kopf, bevor sie sich wieder ganz auf ihre immer mehr ansteigende Erregung konzentrierte.

Das, was sie gerade tat, war gestern noch vollkommen unvorstellbar für sie. War das wirklich sie, die hier mit dem Körper an die Hotelwand gepresst stand? Ja, sie war es, und sie genoss jede Sekunde von dem, was sie hier tat! Die letzten vierzehn Stunden waren die mit Abstand aufregendste Zeit in ihren achtundzwanzig Lebensjahren, und das, was sie gerade erlebte, war die Krönung des Ganzen. Und darauf wollte sie auf keinen Fall verzichten!

***

Als sie gestern Morgen hier auf Fuerteventura gelandet war, hatte sie keinen Plan für die nächsten Tage im Kopf gehabt. Zum ersten Mal war sie ganz allein in den Urlaub geflogen – ohne Begleitung. Ihr Freund hatte sie vor drei Monaten sitzen lassen, für irgendeine Tussi mit Modelfigur. Das war echt schmerzhaft gewesen, und zwei Monate lang war es ihr beschissen gegangen. Doch dann hatte sich bei ihr zuerst Trotz und anschließend nach und nach die Erkenntnis durchgesetzt, dass ihr die Welt doch jetzt offenstand, sie tun konnte, was sie wollte und ihr Ex sie mal kreuzweise konnte. Sie hatte einen coolen Job als freie Fotografin, war relativ unabhängig (zumindest solange ab und zu ein guter Auftrag reinkam), und sie hatte zwar keine Modelfigur, aber sie hielt sich durchaus für tageslichttauglich. Nachdem sie beschlossen hatte, dass die Zeit des Trübsinns vorbei sei, war sie noch am gleichen Tag in ein Reisebüro gegangen und hatte die Reise nach Fuerteventura gebucht. Der nette Mitarbeiter, mit dem sie natürlich ordentlich geflirtet hatte, hatte ihr ein Superschnäppchen für Kurzentschlossene herausgesucht, und so hatte sie schon ein paar Tage später im Flieger Richtung Süden gesessen. Diese kleine Auszeit wollte sie jetzt einfach nur genießen und zum ersten Mal ausschließlich Dinge machen, die ihr selbst Spaß machten, ohne sich nach den Befindlichkeiten irgendeiner anderen Person richten zu müssen. Sie wollte viel Zeit mit sportlichen Aktivitäten verbringen, zwischendurch einfach faul die Sonne am Pool genießen und abends ins Nachtleben eintauchen. Da passte es super, dass im Hotel verschiedene Surfkurse für Anfänger und Fortgeschrittene angeboten wurde. Surfen hatte sie schon immer fasziniert, und kurz entschlossen hatte sie einen fünftägigen Intensivkurs mit eigenem Surflehrer gebucht. Das hatte sie sich wirklich verdient nach der blöden und unglücklichen Zeit, die sie hinter sich hatte.

Heute Morgen war es losgegangen.

Am Strand hatte Raffael, der Leiter der Surfschule, den Teilnehmern der verschiedenen Kurse zunächst eine kleine Einweisung gegeben. Danach wurden für jeden ein passendes Board und ein Neoprenanzug, den sie für längere Aufenthalte im Wasser brauchen würden, ausgesucht. Als alle ausgerüstet waren, zogen die Gruppen mit ihren jeweiligen Surflehrern los Richtung Meer, bis nur noch Alina allein mit ihrem Surfbrett dastand. Fragend blickte sie zu Raffael. Der grinste und deutete hinaus aufs Meer. »Siehst du den Typen auf der anrollenden Welle direkt vor uns?«

Alina zuckte hilflos mit den Schultern. Da waren vier Surfer auf ihren Boards unterwegs, die in ihren Augen alle ziemlich professionell surften, und woher sollte sie wissen, welcher davon ihr Lehrer war? Doch Raffael sprach schon weiter. »Der Typ auf dem knallgelben Board, der jetzt aus der Gruppe ausschert und unsere Richtung einschlägt, das ist Lenny!«

Jetzt sah sie ihn, und selbst aus der Entfernung sah der Typ ziemlich beeindruckend aus. Er trug als einziger der vier keinen Neoprenanzug und steuerte sein Board äußerst souverän durch die Wellen. Sein braun gebrannter, muskulöser Oberkörper hob sich deutlich vom türkisblauen Wasser ab, genauso wie seine blonden Haare, die ihm bis über die Schultern fielen. Er glitt auf seinem Board fast bis zum Strand, dann sprang er ab, klemmte sich das Brett in einer fließenden Bewegung unter den Arm und kam ihnen grinsend entgegengelaufen.

Alina war für einen Moment echt sprachlos, denn je näher Lenny kam, umso deutlicher wurde, wie verdammt gut der Typ aussah. Sie musste sich zusammenreißen, um ihn nicht mit offenem Mund anzustarren, sondern stattdessen einen einigermaßen neutralen Blick aufzusetzen. Meine Güte, der Kerl strotzte ja nur so vor Testosteron, da konnten einem ja die Knie weich werden!

»Da ist er ja endlich!« Grinsend deutete Raffael auf den blonden Surferboy. »Das ist Lenny, er wird in den nächsten fünf Tagen dein persönlicher Trainer sein.«

Mit einem tiefgründigen freundlichen Blick fixierte Lenny Alina und streckte ihr dann seine Hand entgegen. »Hallo, Alina, freut mich dich kennenzulernen.« Er wartete kurz, da aber offensichtlich von ihr nicht mit einer Erwiderung zu rechnen war, sprach er einfach weiter, so, als wäre es ganz normal, einfach nur angestarrt zu werden. »Ich freu mich schon auf die nächsten Tage und glaube mir, auch wenn du dir das jetzt noch nicht vorstellen kannst, ich gehe davon aus, dass du spätestens am Freitag die erste Welle reiten kannst!«

Fast hätte sie alle Formen der Etikette vergessen, so baff war sie immer noch. Doch dann registrierte sie seine ausgestreckte Hand und griff hastig zu. Ihre gar nicht so kleine Hand verschwand fast in seiner. Den festen Händedruck, mit dem er sie begrüßte, nahm sie nur am Rande wahr. Sie starrte in seine tiefblauen Augen, und plötzlich kam es einer Horrorvorstellung gleich, sich vielleicht später vor ihm in den hautengen Neoprenanzug quetschen zu müssen. Lenny trug nur Badeshorts, die farblich perfekt auf seine Augenfarbe abgestimmt zu sein schienen, und sah aus wie der Meeresgott Poseidon persönlich – allerdings in ziemlich jung. Sie konnte sich nicht erinnern, schon einmal jemandem mit so einer männlichen Ausstrahlung gegenüber gestanden zu haben. Er löste vollkommen verwirrende Gefühle in ihr aus, ohne dass sie überhaupt nur ein Wort mit ihm gesprochen hatte. Bisher hatte sie auch noch keinen Schimmer davon gehabt, dass männliche Körperbehaarung irgendeine anregende Wirkung auf sie haben könnte. Doch genau das hatten die dichten blonden Locken auf seiner Brust, die ihn zusammen mit seinem Dreitagebart unwiderstehlich verwegen aussehen ließen.

Langsam erwachte Alina aus ihrer Starre. Wenn sie nicht so langsam mal etwas sagte, würde er sie sicherlich für ziemlich blöd halten. Also riss sie sich zusammen, konzentrierte sich, lächelte ihn an und säuselte ihm mit einer Stimme, die ihr vollkommen fremd vorkam, eine Antwort entgegen.

»Hallo Lenny, freut mich auch dich kennenzulernen.« Und weil er sie weiterhin nur anlächelte und die Stille zwischen ihnen irgendwie ziemlich peinlich war, sprach sie schnell weiter. »Das sah ja gerade echt beeindruckend aus, wie du da draußen gesurft bist. Davon bin ich wohl meilenweit entfernt, also legen wir am besten sofort los!«

Jetzt mischte sich der sichtlich amüsierte Raffael noch einmal ein: »Wie ich sehe, braucht ihr zwei mich nicht mehr, ich bin dann mal weg!« Und mit einem kleinen Grinsen drehte er sich um und ging davon.

»Da hat er wohl recht, ich denke, wir kommen gut ohne ihn klar!« Auch Lenny grinste jetzt mehr, als er lächelte, und Alina wusste nicht so recht, was sie davon halten sollte.

»Als Erstes suchen wir für dich mal ein anderes Board aus!«, fuhr er fort und deutete kopfschüttelnd auf ihr Surfbrett. Sie wollte ihm schon erklären, dass Raffael das Surfbrett für sie ausgesucht hatte, aber das war Lenny wohl sowieso klar. »Ich weiß, dass Raffael da anderer Meinung ist, aber ich denke, dass du mit einem etwas größeren Board viel besser zurechtkommen wirst. Ihm gehört zwar die Surfschule, aber glaube mir, das heißt noch lange nicht, dass er auch ein Meister auf dem Brett ist. Da kannst du mir wirklich vertrauen!« Mit einem spitzbübischen Grinsen zwinkerte er ihr zu und sie fragte sich, wie er nur auf die Idee gekommen war, dass sie ihm nicht vertrauen würde.

Alina wäre wahrscheinlich ewig so stehen geblieben und hätte ihren Surflehrer einfach nur angestarrt, doch plötzlich wurde Lenny etwas geschäftsmäßiger und wandte sich ab, um ein anderes Surfbrett für sie auszusuchen. Der Bann zwischen ihnen war vorerst gebrochen.

***

Die nächste Stunde verbrachten sie am Strand, wo Lenny ihr ein paar Trockenübungen zeigte. Zu Alinas Erleichterung brauchte sie hierfür den Neoprenanzug nicht, sondern konnte alle Übungen im Bikini absolvieren. Sie konnte zwar nicht mit einer so perfekten Figur wie Lenny glänzen und im Bikini ihre kräftigen Oberschenkel und ihre fülligen Hüften natürlich nicht verbergen, aber trotzdem fühlte sie sich besser, als wenn sie den engen Anzug hätte anziehen müssen.

Immer wieder kam es zu Körperkontakt zwischen ihnen, wenn Lenny ihre Haltung korrigierte und ihr zeigte, was sie besser machen konnte, und jedes Mal lösten diese Berührungen ein warmes, nachhaltiges Kribbeln bei ihr aus. So etwas hatte sie noch nie erlebt, und es fiel ihr alles andere als leicht, sich auf seine Anweisungen zu konzentrieren. Und es wurde nicht besser, als sie registrierte, dass auch Lenny sich bei seinen Erläuterungen des Öfteren mal verhaspelte und seine Blicke immer wieder zwischen ihrem Gesicht und ihrem Körper hin und her wanderten.

Nach einer Weile war ihr Surflehrer zufrieden mit dem, was sie tat, und endlich ging es mit dem Surfbrett ins Wasser zum ersten Gliding. Lenny entschied, dass sie den Neoprenanzug vorerst nicht brauchen würde, und zusammen gingen sie so weit ins Meer, bis die Wellen Alinas Hüften umspielten.

Inzwischen war es deutlich wärmer geworden, und die Sonne hatte ihr in der letzten Stunde ganz ordentlich zugesetzt. Das kühle Wasser fühlte sich erfrischend auf ihrer Haut an, und sie war froh, dass endlich der unangenehme Schweißfilm von ihrem Körper abgespült wurde. So fühlte sie sich in Gegenwart ihres attraktiven Surflehrers gleich viel besser. Und endlich ging es ans richtige Üben mit dem Board, was wesentlich mehr Spaß machte als das anstrengende Training am Strand. Zwar spielten sich die Übungen auf dem Surfbrett immer noch im Sitzen oder im Liegen ab, aber im Wasser fühlte sie sich sofort um einige Kilo leichter und viel beweglicher.

Lenny erklärte ihr, wie sie das Board halten musste, woran

sie eine passende Welle erkennen konnte und wie sie den Schwung der Welle für sich nutzen musste. Schließlich zeigte er ihr, wie sie sich von der liegenden Position auf dem Board in den Stand aufrichten konnte, und sie war schwer beeindruckt davon, wie einfach und selbstverständlich das bei ihm aussah. Fasziniert beobachtete sie jede seiner Bewegungen, nickte immer wieder aufmerksam und hoffte, dass er nicht mitbekam, dass sie ihre Augen nicht vom Spiel der Muskeln unter seiner braun gebrannten Haut lassen konnte. Sein Anblick ließ kaum klare Gedanken bei ihr zu, und durch ihren Kopf rauschten Fantasien, die wenig mit dem Surfen zu tun hatten. Alina, reiß dich zusammen, ermahnte sie sich immer wieder, sonst kriegst du von dem, was dir hier gerade gezeigt wird, gleich nichts auf die Reihe!

Immer noch kam sie sich zu dick, tollpatschig und absolut unfähig vor, und sie hatte nicht die geringste Idee, wie sie es jemals schaffen sollte, auf dem wackeligen Surfbrett zum Stehen zu kommen. Geduldig erklärte Lenny ihr immer wieder die richtige Technik und stellte sich wieder und wieder auf das Board, ohne dass sie selbst ihr Können zeigen musste.

»Schau mir erst mal genau zu«, sagte er, »dann klappt es hinterher bei dir wie von selbst.« Dass sich jedes Mal, wenn er auf dem Brett stand, sein Schwanz in den nassen Shorts deutlich abzeichnete, schien er nicht zu bemerken, aber Alina entging das natürlich nicht. In ihrer Fantasie hatte sie ihm schon die Hose heruntergezogen, kniete vor ihm im Wasser, und bearbeitete sein zweifellos dickes Rohr mit dem Mund. Sie versuchte zwar immer wieder, sich nicht ablenken zu lassen und die versauten Gedanken auszublenden, doch das war bei diesem geilen Typen nicht so einfach umzusetzen.

Schließlich war es so weit, und er forderte sie auf, selbst einmal zu versuchen, sich auf das Board zu stellen. Er gab ihr Hilfestellung, und seine zupackenden Hände auf ihrem Körper fühlten sich fantastisch an. Und obwohl sie es kaum glauben konnte, gelang es ihr gleich beim ersten Versuch, sich aufzurichten, und ein paar Meter auf dem Board über die Wellen zu gleiten.

Zufrieden grinste Lenny sie an. »Siehst du, wenn man vorher genau zuschaut, ist es gar nicht so schwer!«

Wenn du wüsstest, wo ich die ganze Zeit hingeschaut habe, dachte Alina nur, aber sie hielt natürlich den Mund. Dann rollte eine etwas größere Welle heran, die Spitze des Boards richtete sich nach oben und trotz ihrer Versuche, auf dem wackeligen Untergrund das Gleichgewicht zu halten, landete sie mit einem kleinen Schrei im Wasser. Lachend und prustend tauchte sie wieder auf und wurde schon von Lenny erwartet, der das Surfbrett in seinen Händen hielt.

»Das üben wir am besten gleich noch mal«, sagte er und grinste sie an, und genau so machten sie es auch. Sie trainierten das Aufstehen und vor allem das Stehenbleiben noch einige Male, und als Lenny verkündete, dass das Training für heute vorbei sei, konnte Alina kaum glauben, dass die Zeit dermaßen schnell verflogen war. Zusammen gingen sie zurück zur Surfschule. Lenny verstaute das Board in einem dafür vorgesehenen Ständer und hängte den ungenutzten Neoprenanzug an seinen Platz.

»Tja, dann bis morgen …« Alina warf einen letzten sehnsüchtigen Blick auf Lenny und wandte sich danach ab, um zurück zum Hotel zu gehen.

»Hey, warte, sehen wir uns heute Abend nicht am Strand?«

Verdutzt drehte sie sich wieder um. Ihr Gesichtsausdruck sprach wohl Bände, denn sofort schob er eine Erklärung hinterher. »Hat Raffael dir nichts davon gesagt?« Als sie ihn immer noch fragend ansah, ergänzte er: »Die Surfschule veranstaltet am ersten Abend immer eine kleine Strandparty für alle neuen Gäste und die Surflehrer, damit wir uns ein bisschen besser kennenlernen können. Also, wenn du Zeit und Lust hast, solltest du auf jeden Fall vorbeikommen!« Und dann trat er einen Schritt auf sie zu, legte seinen Arm um ihre Schulter und flüsterte in ihr Ohr: »Lass dir die Party nicht entgehen, Alina, du würdest garantiert was verpassen. Und ich würde mich echt freuen, wenn du kommst!«

Erst sah sie ihn etwas perplex an, aber dann riss sie sich zusammen. Diese Gelegenheit würde sie nicht verstreichen lassen. Kurzerhand legte sie ihren Arm um seine Hüfte, und obwohl sie selbst spürte, wie ihr dabei die Röte ins Gesicht schoss, antwortete sie schnell: »Wenn das so ist, komme ich auf jeden Fall. Eine Strandparty zusammen mit einem attraktiven Surferboy, davon habe ich schon immer geträumt!« Dann wand sie sich aus seinem Arm, zwinkerte ihm noch einmal zu und ging schnell davon.

Im Weggehen schossen ihr die Gedanken durch den Kopf. *O nein, Alina, wie konntest du nur! Als wenn so ein toller Typ sich für eine kleine, dickliche Touristin interessieren würde.*

***

Aber als sie eine halbe Stunde später ihr Hotelzimmer betrat, hatte sie diese Gedanken wieder verscheucht. Was hatte sie denn schon zu verlieren? Sie würde Lenny nach diesem Urlaub sowieso nie wiedersehen, und außerdem hatte er ja zuerst gesagt, dass er sie gern wiedersehen würde! Sie warf ihre Strandtasche auf einen Stuhl, zog ihr Kleid und ihren Bikini aus und sprang unter die Dusche. Während sie sich einseifte, konnte sie nur an die letzten Stunden mit Lenny denken. Wie geil er ausgesehen hatte! Seine langen blonden Haare, sein muskulöser braun gebrannter Körper und natürlich sein Schwanz, der sich so deutlich in seinen Badeshorts abgezeichnet hatte. Wie es wohl wäre, mit ihm zu vögeln? Sich einfach unter ihn zu legen, die Beine breitzumachen und seinen Schwanz in sich aufzunehmen? Langsam glitten ihre seifigen Finger nach unten. Während sie sich weiter vorstellte, wie Lenny sie fickte, rieb sie ganz sanft an ihrem Kitzler. Nach einer Minute war sie so weit, und der Orgasmus, der ihre Pussy durchströmte, war kurz und intensiv. Stöhnend lehnte sie sich mit dem Rücken an die Wand der Dusche und genoss das vertraute Gefühl. Als es vorbei war, blieb sie noch ein bisschen unter dem warmen Wasserstrahl stehen. Meine Güte, so heiß hatte sie schon lange kein Typ mehr gemacht!

***

Die Strandparty war super, so, wie Lenny es versprochen hatte. Vor der Surfschule war eine von bunten Lampions beleuchtete Bar aufgebaut, an der es leckere exotische Cocktails gab, und aus kleinen Lautsprechern kam rhythmische tanzbare Musik. Die Gäste und auch die Surflehrer hatten sichtlich Spaß, während sie sich mit ihren Getränken in der Hand unterhielten oder im Sand tanzten.

Alina stand mit Raffael und ein paar Leuten, die sie heute schon am Strand gesehen hatte, in einer lockeren Runde zusammen, als Lenny zu ihr kam.

»Hast du Lust zu tanzen?«

Und ob sie die hatte! Sie nickte, und Lenny zog sie an einer Hand zu der kleinen, provisorischen Tanzfläche. Er hatte echt Rhythmus im Blut, konnte seinen Körper unheimlich gut bewegen, und es war eindeutig, dass er Körperkontakt mit ihr suchte. Alina fühlte sich wie im siebten Himmel. Im Takt der Musik rieben sie ihre Körper aneinander, und atemlos stellte sie ihm schließlich die ernst gemeinte Frage: »Warum gibst du dich eigentlich ausgerechnet mit mir ab? Hier gibt es doch viel schlankere, hübschere Mädels als mich.«

Lenny stoppte mitten in der Tanzbewegung und sah sie

erstaunt an. »Wie kommst du denn darauf? Glaubst du wirklich, alle Männer stehen auf diese Barbiepuppen mit den perfekten Körpern und ohne jede Ausstrahlung? Ich finde dich viel attraktiver, ich mag deine Formen und deine natürliche Art, und hier ist gerade bestimmt keine Frau, die dir auch nur annähernd das Wasser reichen könnte!« Und wie zum Beweis zog er sie ganz nah an sich heran, beugte sich vor und küsste sie. Seine warme Zunge teilte ihre Lippen, und begierig erwiderte sie seinen Kuss. So etwas hatte noch kein Mann zu ihr gesagt, und ganz bestimmt kein so attraktiver! Ob er das ernst meinte? Egal, sie beschloss, ihm einfach zu glauben, schließlich hatte sie ja nicht vor ihn zu heiraten! Lachend und knutschend tanzten sie weiter, und als sie all ihren Mut zusammennahm und Lenny fragte, ob er Lust hätte, mit ihr zum Hotelzimmer zu gehen, fiel seine Antwort eindeutig aus.

»Wir gehen ein bisschen am Strand spazieren«, ließ er Raffael wissen, und ehe der überhaupt antworten konnte, waren sie schon in der Dunkelheit verschwunden.

***

Und jetzt standen sie hier in diesem Hotelflur, Alina mit dem Gesicht zur Wand, den Rock hochgeschoben und zu allem bereit. Ihre Nippel schmerzten schon fast von dem fordernden Drücken und Ziehen seiner Finger, aber sie konnte trotzdem nicht genug davon bekommen. So hatte sie sich noch nie einem Mann angeboten, breitbeinig in einem Hotelflur stehend und fast darum bettelnd, dass er sie endlich fickte. Aber sie war auch noch nie mit einem Mann zusammen gewesen, der so attraktiv und männlich war und der in ihrem Kopf gar keine anderen Gedanken mehr zuließ als »Fick mich! Fick mich! Fick mich!«.

Sie spürte seinen wilden, stoßweise gehenden Atem in ihrem Nacken, und eine ihrer Hände machte sich selbstständig, griff suchend nach hinten, tastete sich zu seiner Gürtelschnalle vor und versuchte sie zu öffnen. Kein leichtes Unterfangen, musste sie feststellen, wenn gleichzeitig die eigenen erogen Zonen von geschickten Fingern befummelt wurden und das Gefühl von Geilheit und Ekstase kaum zuließ, sich auf irgendetwas anderes zu konzentrieren. Irgendwie schaffte sie es aber doch, seine Hose zu öffnen, und im nächsten Augenblick hielt sie seinen steifen Schwanz in der Hand.

Ja, endlich, damit war sie ihrem Ziel schon ein entscheidendes Stück näher gekommen! Sie fing an zu reiben, und Lenny reagierte sofort mit lustvollem Stöhnen. Davon befeuert griff sie fester zu, verstärkte die Reibung und zog ihn gleichzeitig so nah zu sich, dass seine Eichel den Eingang zu ihrer Pussy berührte. Ja, genau da wollte sie ihn haben und als er nach vorn drängte, ließ sie das harte Rohr los, stützte sich mit den Händen an der Wand ab und streckte ihm ihre heiße, nasse Pussy entgegen. Jetzt gab es auch für Lenny kein Halten mehr, mit einem Ruck schob er den störenden String einfach nach unten, umfasste dann ihre Hüften und drückte seinen Schwanz in ihr nasses Loch.

»Jaa, davon habe ich schon den ganzen Abend geträumt!«, stöhnte er, und dann fickte er endlich los. Mit kräftigen, schnellen Stößen stieß er seinen harten Schwanz immer wieder in Alinas nasse Möse. Fast hätte sie vor Lust aufgeschrien, doch geistesgegenwärtig vergrub sie ihr Gesicht in ihrem Oberarm, sodass nur ein leises, gepresstes Stöhnen bei jedem Stoß zu hören war. Wie im Rausch ließ sie sich von ihm ficken, konnte fühlen, wie ihre Lustperle immer mehr anschwoll, und gerade, als sie sich ganz der sich anbahnenden Explosion hingeben wollte, stoppte er völlig unerwartet seine geilen Fickbewegungen.

»Ich höre den Aufzug, Süße, kann sein, dass wir hier gleich Gesellschaft bekommen.« Er zog sich aus ihr zurück. »Los, lass uns in deinem Zimmer verschwinden!« Noch etwas benommen richtete Alina sich auf, doch dann hörte sie plötzlich ebenfalls das Geräusch des sich nähernden Aufzugs, und es machte »Klick« in ihrem Kopf. Verdammt, sie wollte auf keinen Fall mitten im Hotelflur mit hochgeschobenem Rock und runtergezogenem Slip erwischt werden! Hektisch richtete sie ihre Kleidung, kramte in ihrer kleinen Gürteltasche nach der Karte für die Zimmertür und rannte los. »323«, rief sie Lenny zu, und in dem Moment, als sie die Karte in den Schlitz der Zimmertür steckte, öffnete sich die Aufzugtür. Lenny war direkt hinter ihr, hielt seine offene Hose mit beiden Händen fest, und als die Tür sich mit einem Piepsen öffnete, wären sie fast zusammen in das Hotelzimmer gefallen. Lachend stolperten sie auf das Bett zu, Lenny ließ seine Hose auf dem kurzen Weg einfach fallen, und Alina befreite sich blitzschnell von ihren sowieso nur sehr notdürftig arrangierten Kleidungsstücken. Keuchend ließ sie sich auf die Matratze fallen, doch als sie sah, dass Lenny einfach vor dem Bett stehen geblieben war, setzte sie sich wieder auf. Er stand jetzt komplett nackt direkt vor ihr, und seine dicke Latte war nur wenige Zentimeter von ihrem Gesicht entfernt. Den ganzen Tag lang hatte es sie total angemacht, wie sein Schwanz sich in seiner Badehose abgezeichnet hatte, sie hatte davon geträumt, wie es wohl wäre, ihn anzufassen, ihn in den Mund zu nehmen und ihn in sich zu spüren, und jetzt hatte sie das Objekt ihrer Begierde direkt vor ihren Augen. Langsam beugte sie sich vor und schloss ihre Lippen um seine Eichel. Sie schob seine Vorhaut weiter nach unten, umfuhr mit der Zunge ein paarmal die harte Kante, die sich jetzt auftat, und dann ließ sie sein Rohr Stück für Stück tiefer in ihren Mund gleiten. Eine Hand hatte sie um seinen dicken Schaft gelegt, und während sie lustvoll stöhnend lutschte, drückte sie mit der Hand immer wieder zu und ließ dann wieder locker. Sie konnte Lenny laut keuchen hören und deutlich spüren, wie der Schwanz in ihrem Mund immer mehr anschwoll. Als der erste, kleine Tropfen Sperma ihre Zunge berührte, zog sie sich schnell zurück. Sie drehte sich um, kniete sich auf allen vieren auf das Bett und in der gleichen Sekunde drang Lenny schon in sie ein. Dieses Mal fühlte es sich noch geiler an als vorhin im Hotelflur. Ihre Pussy war so nass, dass beim Eindringen des dicken Schwanzes etwas von ihrem Saft an der Innenseite ihrer Oberschenkel entlanglief, und als Lenny sofort schnell und hart losfickte, warf sie laut stöhnend den Kopf in den Nacken. Ihr Körper wurde unter dem Trommelfeuer seiner Stöße vor- und zurückgeworfen, aber er hielt ihr Becken mit seinen starken Händen fest und gab ihr den nötigen Halt. Die Reibung seines Schwanzes in ihrer Pussy löste unglaubliche Gefühle bei ihr aus, sie fühlte sich wie in Ekstase und gerade, als sie glaubte, es nicht mehr aushalten zu können, hielt er plötzlich in seinen Bewegungen inne. Fragend drehte sie den Kopf nach hinten.

»Ich will es noch ein ganz kleines bisschen hinauszögern.« Lenny blickte ihr direkt in die Augen. »Es ist so geil mit dir, es soll nicht so schnell vorbei sein.« Und schon fing er wieder an, sich zu bewegen, aber jetzt ganz langsam und viel gefühlvoller. Immer wieder zog er seinen Schwanz fast ganz aus ihr heraus und ließ ihn dann sanft zurückgleiten. Alina hatte es sich vorher nicht vorstellen können, aber diese Reibung fühlte sich noch geiler an als alles, was er vorher gemacht hatte. Mit geschlossenen Augen nahm sie jeden Zentimeter seines Schwanzes wahr, wie er in sie eindrang, sich wieder zurückzog, wieder in sie eindrang und dann, wenn er sie eigentlich schon komplett ausfüllte, versuchte, noch ein paar Millimeter tiefer zu kommen.

Doch dann merkte sie, wie er das Tempo langsam wieder erhöhte. Erst wurden nur seine Bewegungen schneller, aber als seine Stöße immer härter und sein Keuchen immer lauter wurde, wusste sie, dass er seine Geilheit nicht mehr zügeln konnte. Der Gedanke, dass er so aufgeladen war, dass er sich nicht mehr zurückhalten konnte, und die Vorstellung, dass er sie gleich vollspritzen würde, reichten aus, um auch bei ihr alle Dämme brechen zu lassen. Ihre Pussy zog sich zusammen, ihr Kitzler schien zu explodieren, und heiße Wellen der Lust durchströmten ihren Unterleib. Jetzt war es ihr vollkommen egal, ob irgendjemand sie hören würde.

»Ja, ja, mach's mir, fick mich!« Sie schrie ihr Verlangen fast heraus und auch Lenny hielt sich nicht mehr zurück.

»Ja, geil, ich spritz dich voll, o ja, das ist geil!«

Mit harten Stößen fickte er weiter, stieß immer wieder zu, während er in ihr kam, und Alina drückte sich ihm immer wieder wie im Rausch entgegen.

Schließlich war es vorbei, und erschöpft ließen sie sich nebeneinander auf das Bett sinken. Für einen Moment war es ganz still, doch dann ertönte plötzlich ein lautes Klopfen an der Wand direkt neben ihnen und eine laute, aber gleichzeitig ziemlich amüsierte Stimme drang durch die Wand. »Das habt ihr zwei echt toll gemacht, aber jetzt würde ich gern schlafen!«

Mit großen Augen sah Alina Lenny an, doch der blieb ganz locker. »Klar, Mann, kein Problem, schlaf gut!«, rief er grinsend zurück. Und dann zog er Alina mit seinen kräftigen Armen ganz nah zu sich und flüsterte: »Bei der nächsten Runde müssen wir wohl etwas leiser sein!«

Eine heisse Wette - Je geiler, desto besser

Heute würde es klappen – das hatte Liv schon beim Aufwachen gespürt. Sie hatte nicht vor, diese kleine frivole Wette zu verlieren, und sie konnte nicht sagen, worauf sie sich mehr freute – auf die Aufgabe, die ihr zugefallen war oder auf das Wiedersehen mit ihren Freundinnen, wenn sie ihnen davon erzählen würde.

Stella, Marie und Liv – sie waren einfach ein Dreamteam! Wenn sie zusammen waren, war immer was los, nie war es langweilig, und oft entstanden bei ihren lustigen Zusammentreffen außergewöhnliche Ideen und Pläne, die sie dann in die Tat umsetzten. Keine von ihnen hatte einen Freund oder Mann, was allerdings nicht hieß, dass sie keinen Sex hatten. Und immer wieder kam es vor, dass sie zwar zu dritt loszogen, aber nicht zusammen nach Hause gingen. Sie konnten schließlich tun und lassen, was sie wollten, und genau das taten sie auch.

Dieses Mal war es Marie gewesen, die die Idee in die Runde geworfen hatte, und sofort waren die beiden anderen begeistert darauf eingegangen: Sie würden sich drei Aufgaben rund um das Thema Sex überlegen, diese auf Zettel aufschreiben, und jede würde einen der Zettel ziehen. Um die darauf stehende Aufgabe zu erfüllen, hatten sie eine Woche Zeit, dann würden sie sich wiedertreffen und sich gegenseitig von ihren Abenteuern erzählen. Sollte eine der drei ihre Aufgabe nicht erfüllt haben, würde sie die nächste Kiste Prosecco spendieren – die sie dann natürlich zusammen tranken. Kichernd hatten sie sofort angefangen, unzählige Zettel zu bekritzeln, aber irgendwann hatten sie die allzu skurrilen Ideen wie »den Pastor der neuapostolischen Kirchengemeinde ficken« oder »dem ehemaligen Lateinlehrer einen blasen« wieder aussortiert. Nicht dass ihnen die Umsetzung unmöglich erschienen war, aber sie mussten realistisch bleiben – sie hatten nur eine Woche Zeit. Schließlich waren drei Zettel übrig geblieben: »Sex mit einem mindestens zehn Jahre jüngeren« – den hatte Marie gezogen. »Mit einem Fremden in der Sauna vögeln« – der war für Stella, und »den

Pizzaboten verführen« – das war Livs Aufgabe.

Die Aufteilung passte gut, fand Liv. Marie konnte fast keiner widerstehen – sie sah deutlich jünger aus, als ihre 31 Jahre vermuten ließen, hatte lange blonde Haare und eine schlanke Figur mit Rundungen an den richtigen Stellen. Sie würde sich den passenden Jüngling schnappen und ihn nach allen Regeln der Kunst reiten – da war Liv sich sicher.

Und Stella war diejenige, die mit ihrer offensiven Art schnell mit jedem ins Gespräch kam. Sie hatte keinerlei Berührungsängste, und in der Sauna würde sie garantiert nicht nur einen Kandidaten zur Auswahl haben, der es gern mal mit ihr treiben würde.

Sie selbst – Liv – würde ein Heimspiel haben, das gefiel ihr. Wenn alles gut lief, würde sie geilen, wilden Sex haben und anschließend sogar noch eine Pizza essen können!

Lachend hatten sie sich nach der Verlosung der Aufgaben zugeprostet und schon mal ein wenig herumgesponnen, wie ihre Pläne wohl verlaufen würden.

***

Seitdem waren fünf Tage vergangen, und Liv würde heute ihren vierten Versuch starten. Ihre Aufgabe war doch schwerer umzusetzen, als sie erwartet hatte. Sie hatte jeden Abend bei einem anderen der unzähligen Pizzaservices in ihrer Stadt angerufen, doch das Ergebnis ließ sich bisher nur als äußerst dürftig bezeichnen. Der Typ, der die Pizza am ersten Abend gebracht hatte, war ein uraltes kleines Männchen gewesen. Wahrscheinlich hatte sich der Seniorchef persönlich auf den Weg gemacht – nein, danke, so hatte sie sich das nicht vorgestellt. Am zweiten Abend stand ein junges Mädchen vor ihr – die kam natürlich ebenfalls nicht infrage. Und der Typ, der gestern vor der Tür stand, sah zwar auf den ersten Blick ganz nett aus, aber als er sie das erste Mal angelächelt hatte,

hatte er mindestens drei Zahnlücken offenbart. Sie hatte ihm das Geld in die Hand gedrückt und ihn schnell wieder zur Tür herausgeschoben. Die ganze Sache war viel komplizierter, als sie sich hatte vorstellen können, und viel Zeit blieb ihr auch nicht mehr.

Und dann hatte gestern auch noch Stella angerufen und Vollzug gemeldet! Sie hatte natürlich nicht widerstehen können und ihren Freundinnen direkt von ihrem Erfolg berichtet. Zu dritt hatten sie an ihren Handys gehangen, und Marie und Liv hatten Stellas Schilderungen gelauscht, während sie sich das zufriedene Strahlen auf deren Gesicht nur zu gut vorstellen konnten. Sie hatte keine wirklichen Details verraten, das wollte sie sich fürs Wochenende aufsparen, aber sie hatte ihnen eine sehr anschauliche Kurzzusammenfassung gegeben. Für sie war es ein Kinderspiel gewesen, allerdings ein ziemlich geiles.

Stella hatte sich eine schöne Saunaanlage in der Nachbarstadt ausgesucht. Wie der Zufall es wollte, war es zwar an diesem Abend nicht besonders voll dort, dafür waren aber genau die richtigen Gäste anwesend gewesen.

Gleich beim ersten Saunagang fand sie sich zwischen den Mitgliedern einer Basketballmannschaft wieder, die sich regelmäßig auch zum Saunieren trafen. Allesamt groß und sportlich und kein Unansehnlicher dabei – na, wenn das mal kein Glückstreffer war! Stella wusste natürlich, was zu tun war. Mit unbeteiligter Miene und geschlossenen Augen hatte sie sich lässig zurückgelehnt und den Jungs erst mal die Gelegenheit gegeben, ihren nackten Körper zu studieren. Die meisten konnten natürlich nicht widerstehen, wie sie zufrieden feststellte, jedes Mal, wenn sie ein bisschen durch ihre Wimpern blinzelte. Es starrte sie zwar keiner offen an, aber die verstohlenen Blicke in ihre Richtung waren eindeutig zu erkennen. Sie verließ die Sauna als Erste, gewährte so allen noch einmal einen Blick auf ihren nackten Körper und holte sich dann erst mal etwas zu trinken.

Stella behielt die Jungs im Blick, und beim zweiten Saunagang saß sie natürlich ganz zufällig wieder zwischen ihnen. Jetzt war es ganz einfach, ein zwangloses Gespräch zu beginnen, und es dauerte nicht lange, bis Stella die halbe Mannschaft mit ihrem Charme um den kleinen Finger gewickelt hatte. Dass sie dabei immer wieder ihre Position ein bisschen veränderte, und so scheinbar ganz unbeabsichtigt den einen oder anderen Einblick zwischen ihre Beine gewährte, machte einige von ihnen sichtlich unruhig. Schnell war für Stella klar, dass es zwei oder drei ernsthafte Interessenten gab und sie ein leichtes Spiel haben würde. Umständlich kletterte sie von der Saunabank und streckte dabei ihren Hintern weit nach hinten raus.

»So, mir wird's hier langsam zu heiß. Bis später mal, Jungs!« Mit einem Lächeln im Gesicht verließ sie die Sauna und ging über das große, dunkle Außengelände in Richtung einiger abseits stehender Liegen.

Es dauerte nur einen kurzen Moment, bis sie Schritte hinter sich hörte. »Hey, warte, wo willst du denn hin?«

Als sie sich umdrehte, musste sie sich ein Grinsen verkneifen. Nicht nur ein Basketballer, sondern gleich zwei liefen ihr hinterher.

»Nach da hinten.« Sie deutete in die dunkle Ecke. »Wenn ihr wollt, könnt ihr mitkommen.« Erst sahen die beiden ein bisschen perplex aus, aber offensichtlich witterten sie eine Chance, die sie sich nicht entgehen lassen wollten.

Was darauf folgte, war nur noch ein bisschen Geplänkel, wie Stella erzählte, und dann ging es richtig zur Sache.

»Waaas, du hast dich von dem einen von hinten ficken lassen, während du dem anderen einen geblasen hast?« Marie keuchte in ihr Handy. »Ich glaub es nicht!«

»Was sollte ich denn machen?« In Stellas Stimme war die Freude immer noch zu hören. »Ich war sooo geil! Sitz du mal mit einer ganzen Mannschaft von gut aussehenden, nackten Kerlen in der Sauna, wenn du sowieso schon ständig underfucked bist! Ich brauchte es einfach! Und wenn irgendjemand das nachvollziehen kann, dann ja wohl ihr beide!«

Okay, da konnten sie jetzt nicht widersprechen.

»Und das ist jetzt nur eine kurze Zusammenfassung! Die lange Version erzähle ich euch dann am Wochenende.«

Prustend hatten sie sich voneinander verabschiedet. Stella hatte die Messlatte verdammt hoch angelegt!

***

Liv hatte das Klingeln natürlich erwartet, aber als es jetzt wirklich ertönte, spürte sie, wie ihr Puls anstieg. Meine Güte, nach den Enttäuschungen der letzten drei Abende hatte sie eigentlich nicht mehr damit gerechnet, aufgeregt zu sein. Aber allein die Möglichkeit auf einen Volltreffer heute brachte ihr Blut in Wallung. Neuer Tag, neues Glück – genau mit dieser Einstellung war sie schließlich schon heute Morgen aufgewacht.

Auf dem Weg zur Tür stieg ihre innere Spannung weiter an. Nicht zu wissen, wer gleich vor ihr stehen würde, war äußerst reizvoll – auch wenn das nur die eine Seite der Medaille war und sie inbrünstig hoffte, nicht wieder enttäuscht zu werden. Denn eines wusste sie inzwischen, planbar war bei der ihr zugefallenen Aufgabe überhaupt nichts.

Sie drückte den Knopf der Gegensprechanlage. »Ja bitte?«

Die Stimme, die ihr antwortete, klang schon mal vielversprechend: männlich, jung, freundlich. »Hallo, ihr Pizzaservice hier!«

Sie betätigte den Türöffner. »Vierte Etage, rechte Tür, bitte!«

Jetzt blieb ihr nicht mehr viel Zeit, gleich würde der Mann vor ihr stehen. Sie zupfte noch einmal an ihrem seidenen

Kimono, strich sich ein letztes Mal durch die Haare und sah dann prüfend in den Garderobenspiegel. Ziemlich sexy, befand sie. Das kurze Kleidungsstück betonte ihre langen Beine, ihr Dekolleté kam gut zur Geltung, und ihre langen Haare lagen leicht zerzaust um ihren Kopf. Dann hörte sie auch schon den Aufzug ankommen, und wenige Sekunden später klingelte es. Mit einem Lächeln öffnete sie die Tür.

Na, bitte, es geht doch, schoss es ihr sofort durch den Kopf, als sie den großen, gut aussehenden Typen mit der typischen Warmhaltebox eines Pizzaboten in den Händen vor sich stehen sah. Dunkle Haare, blaue Augen – genau ihr Typ! Und auch ihrem Gegenüber schossen so einige Gedanken durch den Kopf, das war offensichtlich. Sein zunächst unverbindlich-freundlicher Gesichtsausdruck ging zuerst in Verwirrung über und machte dann einem erfreuten Grinsen Platz. Sie wusste nur zu genau, was sein Gehirn da gerade verarbeiten musste, und sie ließ ihm alle Zeit, die er brauchte. Als sich dann langsam eine nicht zu übersehende Geilheit in seine sympathischen Augen schlich, trat sie einen Schritt zurück und winkte ihn herein.

»Hallo, das ging ja schnell. Komm doch bitte rein, du kannst alles in der Küche abstellen.« Mit erhobenem Arm wies sie ihm den Weg, und automatisch öffnete sich ihr Kimono dabei ein bisschen mehr und erlaubte ihm einen kurzen Blick auf ihre nackten Brüste. »Ja sicher, gern doch!«, gab er mit leicht belegter Stimme zurück, und während er an ihr vorbeiging, streifte sein Arm ihre Hüfte. Ob das Absicht gewesen war? Wenn ja, war er ziemlich schnell auf sie angesprungen …

Der Typ gefiel ihr wirklich, und die Berührung löste ein verlangendes Kribbeln zwischen ihren Beinen aus. Sie schaute ihm nach und gönnte sich erst mal einen Blick auf seinen knackigen Hintern, der äußerst sexy in einer engen Jeans steckte. Das lief ja super, genau so hatte sie sich das vorgestellt.

Sie betrachtete seine breiten Schultern und seine muskulösen Arme. Wow, was für ein Glück! Ein wahres Prachtstück von Mann hatte da ihre Wohnung betreten, und jetzt lag es an ihr, ihn nicht mehr von der Angel zu lassen. Hier ging es nicht mehr nur um die Wette, die sie mit ihren Freundinnen abgeschlossen hatte, jetzt hatte Liv einfach nur noch Lust, sich von diesem geilen Mann vögeln zu lassen.

»Ja richtig, einfach auf den Tisch stellen!« Sie folgte ihm durch den Flur und lockerte dabei schon mal unauffällig den Gürtel ihres Kimonos weiter. »Bist du neu bei *La Scala*, ich habe da nämlich schon ein paarmal bestellt, aber dich habe ich noch nie gesehen?« Sie lehnte sich lässig an den Türrahmen und sah zu, wie er einen Pizzakarton, eine Salatschale und eine Flasche Rotwein aus der Box holte.

»Ja, ich bin erst seit Anfang der Woche dabei. Ich verdiene mir in den Semesterferien ein bisschen was für mein Studium dazu. Ich bin übrigens Mick.«

Er grinste sie an und hielt ihr den Wein entgegen. »Der Rotwein ist vom Haus, wir haben eine Aktionswoche, da gibt es auch zu kleinen Bestellungen immer eine Flasche gratis.«

»Oh, das ist ja nett, zeig mal her!« Sie beugte sich vor und griff nach der Flasche, wohl wissend, dass der Kimono dabei noch ein Stückchen weiter aufgehen würde. Sie fühlte, wie ihre Nippel über den glatten, kühlen Stoff glitten und wie sie sich zusammenzogen. Jetzt standen sie deutlich sichtbar nach vorn ab, und obwohl Mick sich erkennbar bemühte, nicht daraufzustarren, wanderten seine Augen immer wieder dorthin.

»Na dann hol ich mal mein Portemonnaie.« Sie schob sich in der kleinen Küche an ihm vorbei, wobei es natürlich unmöglich war, ihn nicht zu berühren, und streckte sich dann nach oben, um ihr Portemonnaie vom obersten Brett ihres Küchenregals zu hangeln. Das gehörte natürlich zum Plan, denn dass sich ihr Kimono dabei so weit hochzog, dass die prallen Ansätze ihrer Pobacken zu sehen waren, war klar. Sie hörte ein tiefes Einatmen, und als sie sich mit dem Portemonnaie in der Hand wieder umdrehte, stand Mick direkt vor ihr.

»Hier geht es doch gar nicht um eine Pizzabestellung, oder?« Seine Stimme klang rau, während er sie mit seinen tiefblauen Augen so fixierte, dass ihr ganz schwindelig wurde.

»Kann schon sein«, flüsterte sie zurück und schob das Portemonnaie einfach hinter sich irgendwo in das Regal zurück.

»Du willst einfach nur einen geilen Fick mit dem Pizzaboten, nicht wahr?«

Das war jetzt eine ziemlich direkte Frage, da er aber damit vollkommen richtig lag, nickte sie nur, während sie langsam den Gürtel ihres Kimonos löste und ihn zu Boden gleiten ließ.

»Wow, du siehst toll aus!« Eine Hand legte sich um ihre Brust und die andere um ihren Arsch. Sie stöhnte auf, als er sie langsam näher zu sich heranzog. »Nur damit du's weißt«, flüsterte er, »so was ist mir noch nie passiert, aber ich find's verdammt geil!«

»Ja, ich auch!«

Ihre Lippen berührten sich, und während sie sich leidenschaftlich küssten, hob er sie hoch, drehte sich mit ihr und setzte sie auf dem Küchentisch ab. Jetzt stand er zwischen ihren gespreizten Beinen und fing an, erst seinen Gürtel und dann seine Hose zu öffnen. »Bist du sicher, dass du das willst?«, fragte er noch einmal.

»Ja, da bin ich mir ganz sicher.« Liv fühlte, wie bei jeder seiner Bewegungen ihre Erregung stieg. Ihre Klit pochte wie verrückt zwischen ihren Beinen, und die Vorstellung, dass er gleich mit seinem harten Rohr in sie eindringen würde, ließ sie aufstöhnen. »Mach, los, ich will, dass du mich fickst!« Überrascht hielt er für einen Moment inne, aber dann huschte ein Lächeln über sein Gesicht, und innerhalb von Sekunden hatte er sich von Hose und T-Shirt befreit. Sein Schwanz stand erwartungsvoll nach oben, und die Spitze glänzte. Er war genauso geil auf diesen Fick wie sie, das war eindeutig. Doch er ließ sich noch ein bisschen Zeit. Langsam drückte er mit seinen Händen ihre Schenkel auseinander und als ihre Schamlippen sich öffneten, legte er einen Finger in ihre Spalte und begann, langsam auf- und abzureiben. Liv konnte nicht nur spüren, sie konnte sogar hören, wie nass sie schon war, was sie kein bisschen wunderte, so geil wie sie die Situation fand. Doch Mick schien beeindruckt.

»Wow, das fühlt sich ja megageil an! Du läufst ja fast aus …«

Ja, so war es wohl, und es spiegelte die Lust, die sie verspürte, genau wider. Mick war aber auch ein ausgesprochen attraktiver Kerl, und was er da gerade mit seinen Fingern anstellte, fühlte sich total gut an. Sie war überrascht, wie leicht und mit welcher Selbstverständlichkeit die Nummer hier ablief, sie kannten sich schließlich überhaupt nicht, aber nichts an dieser Situation war peinlich oder unangenehm. Mit einer Hand griff sie nach seinem Schwanz. Sie spürte seine Anspannung, seine Latte war hart und prall, und als sie anfing, ihre Hand ein wenig auf- und abzubewegen, stöhnte er auf. Er drängte sich näher an sie heran, und Liv führte seine Eichel direkt an den Eingang ihrer Pussy. Langsam drang er in sie ein, doch als Liv ihre Hände auf seinen Hintern legte und ihn ungestüm näher zu sich zog, versenkte er seinen harten Schwanz mit fordernden Stößen in ihr. Liv rutschte, so nah es ging, an die Tischkante heran, damit er möglichst tief in sie hineinkam.

Was für ein geiles Gefühl!

Seine Bewegungen wurden schneller, und sie kam ihm im gleichen Takt entgegen. Wahnsinn, wie gut das ist, schoss es ihr durch den Kopf, dabei kenne ich ihn noch nicht einmal …

Jetzt umfasste er ihren Nacken mit einer Hand und zog ihren Kopf sanft zu sich. Ihre Lippen berührten sich, sie spürte seine Zunge und wieder verfielen sie in einen leidenschaftlichen Kuss, während er sie weiter vögelte. Liv hätte noch ewig so weitermachen können, aber plötzlich stoppte Mick in seinen Bewegungen.

»Sorry, tut mir leid, ich weiß, das war jetzt noch nicht besonders lange, aber ich muss es etwas langsamer angehen, wenn wir hier noch ein bisschen länger rummachen wollen …« und erklärend schob er noch hinterher: »Dein kleiner Überraschungsangriff hat mich ziemlich scharf gemacht. Und dann kann es manchmal ziemlich schnell bei mir gehen …« Mit einem entschuldigenden Grinsen zog er seinen Schwanz aus ihrer Pussy. Liv drückte ihm einen leidenschaftlichen Kuss auf die Lippen. »Mach dir mal keine Gedanken, das ist ganz in meinem Sinne.« Er erwiderte ihren Kuss und hob sie dann mit seinen starken Armen vom Tisch. »Hast du Lust, dich mal umzudrehen?«

Und ob sie die hatte, wobei sie sich nicht wirklich vorstellen konnte, wie er sie von hinten nehmen wollte, ohne zu kommen. Ihre Erfahrung sagte ihr eigentlich, dass es so immer besonders schnell ging. Aber nun gut, er würde schon wissen, was bei ihm funktionierte und was nicht. Langsam drehte sie sich um und beugte sich über die Tischplatte. Seine Hände legten sich auf ihren nach hinten herausgestreckten Po und fingen an zu streicheln und zu drücken. »Was für ein schöner Arsch«, flüsterte er, und Liv konnte die Geilheit in seiner Stimme hören. Sie legte den Kopf auf die Tischplatte und genoss die Bewegungen seiner Hände. Er griff zu, ließ wieder locker, griff wieder zu und ließ wieder locker. Es fühlte sich fantastisch an. Dann glitt eine Hand zwischen ihren Pobacken nach unten und zwei Finger schoben sich in ihre Möse. Sie bewegten sich in ihr, erforschten die warme weiche Höhle, und dann schien er gefunden zu haben, wonach er gesucht hatte. Mit sanftem Druck massierte er erst ein bisschen, bewegte dann die Finger in ihr auf und ab und zog sie dann schnell aus ihr heraus. Liv spürte, wie ein Schwall warmer Flüssigkeit aus ihrer Möse schoss. Überrascht hob sie den Kopf.

»Hey, wie hast du das gemacht?« Sie wusste natürlich, dass auch Frauen abspritzen konnten, aber selbst hatte sie es noch nie erlebt. Sanft drückte er sie zurück auf die Tischplatte, und schon waren seine Finger wieder in ihr verschwunden.

»Genieß es einfach«, flüsterte er ihr zu, und wieder übte er diesen rhythmischen Druck mit seinen beiden Fingern aus, dieses Mal etwas fester. Das Gefühl war ungewohnt, aber angenehm, er drückte und massierte, und als er seine Finger jetzt aus ihr zog, kam so viel Saft hinterher, dass ihr die Flüssigkeit an der Innenseite ihrer Oberschenkel herablief. Wow, wie geil war das denn! Das neue, ihr bisher unbekannte Gefühl machte sie unglaublich an, und sie stöhnte laut auf. Das war ganz anders als ein Orgasmus, es hatte nicht so etwas Abschließendes, aber es war ebenfalls unfassbar geil. Allein zu wissen, dass sie in der Lage war abzuspritzen, erregte sie, und dann kam noch dieses Gefühl von unbeschreiblicher, nie da gewesener Nässe dazu …

Keuchend drehte sie sich zu Mick um. »Mach das noch mal, bitte, das fühlt sich ja megageil an!«

Sofort waren seine Finger wieder in ihr, und auch beim dritten Mal schoss die Flüssigkeit nur so aus ihr heraus. Fast im gleichen Moment spürte sie, wie sich sein harter Schwanz zwischen ihre Beine und in diese unglaubliche Nässe drängte.

»Ja, fick mich!«, stöhnte sie, noch ganz aufgewühlt von dieser neuen Erfahrung und gleichzeitig von unbändiger Lust erfüllt. Bereitwillig drückte sie sich ihm entgegen. Jetzt gab es auch für Mick kein Halten mehr, mit harten Stößen drang er in sie ein. Seine Hände umklammerten ihre Hüften und zogen sie bei jedem Stoß, so nah es ging, zu sich. Der schnelle Rhythmus, in dem er sich bewegte, gaben Liv keine Chance, noch irgendwie selbst aktiv zu werden, also ließ sie sich einfach von ihm ficken, genoss seinen harten Schwanz, die unglaubliche Nässe zwischen ihren Beinen und das megageile Gefühl, mal wieder so richtig durchgevögelt zu werden. Micks Keuchen wurde immer lauter, und gerade als sie dachte, dass es ihm kommen würde, schob er eine Hand zwischen ihre Beine und begann ihre Klit zu reiben. Es dauerte nur einen kurzen Augenblick, bis sie spürte, wie ihr Unterleib sich zusammenzog, dann rollte eine heftige, pochende Welle erst durch ihren Kitzler und dann durch ihre ganze Pussy. Sie schrie laut auf, und das war offensichtlich das Zeichen, auf das Mick gewartet hatte, denn jetzt trieb er ihren seinen Schwanz mit zwei, drei heftigen Stößen noch einmal bis zum Anschlag in ihr nasses, geiles Loch, dann kam es ihm auch. Liv konnte das Pulsieren seines Schwanzes in sich spüren und in ihrer Fantasie sah sie, wie das Sperma aus ihm herausschoss. Ihr gemeinsames Stöhnen ging ineinander über, und es dauerte noch ein paar Stöße lang, bis es langsam ruhiger wurde. Schließlich wurde es ganz still in der Küche.

Langsam hob Liv den Kopf und sah nach hinten.

Mick grinste sie selig an. »Wow, das war geil!« Er zog seinen Schwanz aus ihr und Liv drehte sich zu ihm um.

»Ja, das war es!« Sie legte ihre Arme um seinen Nacken. »Mit so einer geilen Nummer hab ich echt nicht gerechnet!« Sie zog ihn noch etwas näher zu sich. »Aber bevor du jetzt gehst, musst du mir noch verraten, woher du wusstest, wie du mich zum Spritzen bringen kannst.«

Mick gab ihr einen Kuss und befreite sich vorsichtig von ihren Armen. Er griff nach Hose und T-Shirt und während er sich anzog, sagte er: »Ich hatte mal eine Freundin, die war ein paar Jahre älter als ich. Die hat es mir gezeigt. Wenn du einmal weißt, wo die richtige Stelle ist, funktioniert es fast immer …«

Liv sah ihn an. »Es hat sich super angefühlt, ich wusste vorher echt nicht, dass das auch bei mir geht.«

Mick war jetzt fertig angezogen. »Tut mir echt leid, aber ich muss jetzt los, ich schätze mal, mein Chef ist schon ziemlich sauer …«

»Ja natürlich, ist doch klar.« Sie sagte es ganz locker, aber innerlich musste sie sich eingestehen, dass sie Mick nicht gern gehen ließ.

»Aber in zwei Stunden habe ich Feierabend.« Er schaute sie an. »Also, ich würde gern später noch mal vorbeikommen, natürlich nur, wenn du auch Lust darauf hast.«

Liv legt noch einmal ihre Arme um seinen Nacken. »Ja, das würde mir sogar ausgesprochen gut gefallen«, flüsterte sie in sein Ohr.

»Okay, das ist super, dann sehen wir uns ja gleich schon wieder!«

Er griff nach seiner Warmhaltebox und ging zur Wohnungstür. Dann drehte er sich noch einmal um. »Wie heißt du eigentlich?«

Jetzt musste Liv lachen. Dass sie ihm ihren Namen noch gar nicht gesagt hatte, war ihr überhaupt nicht aufgefallen.

»Ich heiße Liv.«

»Dann bis später, Liv!« Er zog die Tür hinter sich zu, und weg war er.

Nachdenklich ging Liv zurück in die Küche. Auf dem Fußboden vor dem Küchentisch glänzte ein ziemlich großer, nasser Fleck. Meine Güte, was hatte er nur mit ihr gemacht? Ein ihr völlig unbekannter Mann hatte etwas bei ihr ausgelöst, was sie nicht für möglich gehalten hätte. Sie griff nach einem Lappen und wischte über die nasse Stelle.

Bei dem Gedanken, dass er gleich noch einmal bei ihr vorbeikommen würde, begann ihr Herz schneller zu schlagen, und sie war sich nicht sicher, ob das nur an ihrer schon wieder aufkommenden Geilheit lag …

Der Reiz des Erwischtwerdens

Es ist jetzt ein paar Monate her, dass Simon mir diesen einen, alles verändernden Vorschlag gemacht hat, und ich bin immer noch unglaublich froh, dass er damals die Initiative ergriffen hat.

Wie an so vielen Wochenenden hatten wir es uns mit einer Flasche Rotwein auf dem Sofa gemütlich gemacht und schauten uns irgendein belangloses Fernsehprogramm an. Inzwischen waren diese langweiligen Fernsehabende zu einer immer öfter wiederkehrenden Routine geworden, und wenn wir dann irgendwann schläfrig und ohne jeden Esprit ins Bett gingen, passierte überhaupt nichts mehr. Natürlich hatte ich bemerkt, wie unzufrieden Simon mit unserem Sexleben war, mir ging es ja auch nicht anders, nur angesprochen hatte dieses heikle Thema bisher noch keiner von uns. Es fehlte der nötige Kick, um diesen äußerst unbefriedigenden Zustand wieder zu ändern.

Aber an jenem Abend hat er irgendwann zur Fernbedienung gegriffen und den Fernseher einfach ausgeschaltet. »So kann es mit uns nicht weitergehen, Schatz«, waren seine einleitenden Worte, und dann hat er mir seine Idee erläutert.

Sex in unserem Ehebett hatte irgendwie jeden Reiz verloren, also würden wir abwechselnd etwas Neues, Besonderes planen, bei dem sich alles um Sex drehen sollte, was aber auf jeden Fall außerhalb unserer eigenen vier Wände stattfinden würde.

Vielleicht würden wir so endlich wieder die alte Leidenschaft zurückgewinnen, die immer zwischen uns geherrscht hatte.

Ich gebe zu, zunächst war ich ein bisschen skeptisch. Das war ja nun nicht gerade eine neue Idee, das hatten sicherlich schon viele Paare vor uns probiert, aber andererseits würde es vielleicht genau den Kick bringen, den wir beide so dringend brauchten. Nach ein paar Minuten des Zögerns merkte ich, dass mir die Idee immer besser gefiel. Eigentlich wünschte ich mir doch nichts sehnlicher, als endlich wieder geilen Sex zu haben, und da es Simon offensichtlich genauso ging, wären wir doch blöd, wenn wir es nicht wenigstens mal versuchen würden. »Okay, Schatz, lass es uns ausprobieren«, stimmte ich ihm zu und schon als wir mit unseren Gläsern darauf anstießen, war die Stimmung zwischen uns plötzlich eine ganz andere.

Wir einigten uns darauf, dass Simon die Planung unseres ersten Events übernehmen würde und ich mich einfach nur überraschen lassen sollte. Jetzt konnten wir es plötzlich kaum noch abwarten, und irgendwie verwunderte es mich überhaupt nicht, dass er bereits einen fertigen Plan im Kopf hatte. »Wie sieht es aus, mein Engel, bist du bereit, morgen schon durchzustarten? Das Wetter soll ja ziemlich gut werden, und da hätte ich eine ganz entspannte Idee für den Anfang! Das gefällt dir bestimmt!«

»Morgen ist aber Sonntag, meinst du, das geht?« Das kam jetzt doch unerwartet schnell, und plötzlich hatte ich wieder Bedenken.

»Na komm schon, das ist doch genau das, was wir wollen. Es muss ungewöhnlich und reizvoll sein, und du kannst mir vertrauen, eigentlich ist es ganz harmlos!« Er grinste mich spitzbübisch an, und sofort waren meine Zweifel wieder ausgeräumt. Langeweile gab es in den letzten Monaten genug zwischen uns, das würden wir jetzt ändern!

DAS ERSTE MAL

»Es geht los, Zeit aufzustehen, Süße!« Kaffeeduft stieg mir in die Nase, und ich schlug die Augen auf. Simon stand vor meinem Bett und hielt mir meine Lieblingstasse entgegen. Ich konnte ihm seine gute Laune ansehen, und sofort war ich davon angesteckt. Ein Schluck von dem heißen, leckeren Kaffee reichte, um meine Lebensgeister endgültig zu wecken. Wie er gestern schon angekündigt hatte, schien die Sonne ins Schlafzimmer, und es sah ganz danach aus, dass es ein herrlicher Sommertag werden würde.

»Okay, gib mir eine halbe Stunde, dann bin ich für alle Schandtaten bereit!«, eröffnete ich ihm.

Er drückte mir einen Kuss auf die Lippen. »Das hört sich gut an, mein Schatz, ich freu mich schon darauf! Du musst dich um nichts kümmern, mach dich in Ruhe fertig, ich bereite in der Zwischenzeit alles vor, und dann kann es auch schon losgehen!« Gut gelaunt zog ich mit meiner Kaffeetasse und einem sexy String in den Händen ab ins Bad. Als ich eine halbe Stunde später in die Küche kam, wartete Simon schon mit einem fertig gepackten Rucksack auf mich. Er sah echt gut aus in seinen Chinos und seinem eng anliegenden T-Shirt, und auch seine interessierten Blicke in meine Richtung entgingen mir natürlich nicht. Mit Erstaunen musste ich feststellen, wie sehr sich die Atmosphäre zwischen uns seit gestern verändert hatte. Wir hatten einen Plan, es ging um Sex, und wir wurden beide davon angemacht.

Ich hatte mir ein luftiges, kurzes Sommerkleid angezogen, von dem ich wusste, dass er es mochte, und um einen kleinen Beitrag zur erotischen Stimmung beizutragen, hatte ich auf einen BH verzichtet. Von der wohligen Wärme zwischen meinen Beinen musste er ja noch nichts wissen, ich war selbst überrascht, wie sehr mir die Aussicht auf ein kleines Abenteuer gefiel und welche Gefühle das Ganze schon jetzt bei mir auslöste.

Während unserer Fahrt mit dem Auto aßen wir butterweiche Croissants, die Simon aus seinem Rucksack gezaubert hatte, und die Stimmung zwischen uns war voller gespannter Vorfreude. Als er den Wagen auf einem kleinen Wanderparkplatz abstellte, verfestigte sich in meinem Kopf schon eine Vorstellung davon, was er vorhaben könnte. Ein erotisches Picknick im Wald, also quasi vögeln unter Vögeln – das hatten wir noch nie gemacht. Allerdings kannte ich dieses Waldgebiet, es war von Wanderwegen durchzogen, und ich war schon gespannt, wo Simon hier an so einem schönen Sommertag ein abgeschiedenes Plätzchen für uns finden wollte.

Hand in Hand folgten wir einem kleinen Weg, der sanft bergan führte, und mit jedem Meter stieg meine Lust auf ein kleines Abenteuer inmitten der Natur. Nachdem wir eine Weile gelaufen waren, blieb Simon stehen. »So, mein Schatz, wir sind da!« Erstaunt sah ich mich um. Wo sollten wir denn hier ein Picknick machen? Außer Bäumen rechts und links des Weges konnte ich nichts sehen. Doch dann fiel mein Blick auf eine Konstruktion zwischen den Bäumen, nur ein paar Meter von uns entfernt.

»Du willst doch nicht etwa …?«, fing ich an, doch Simon ließ mich gar nicht ausreden. Grinsend zog er mich in Richtung des Hochsitzes. »Na klar, will ich, ich habe gehört, hier bekommt man das beste Wild vor die Flinte!« Kichernd schlugen wir uns durch die Büsche und kletterten die schmale Holzleiter hinauf.

Oben angekommen sah ich mich in unserem winzigen Liebesnest um. Der Hochsitz war rundherum mit Brettern verschlagen, lediglich nach vorn gab es eine größere Aussparung, durch die man auf eine große Lichtung blicken konnte. Ein einfaches Holzbrett, das an einer Wand befestigt war, diente als Sitzgelegenheit. »Herzlich willkommen in meinem Palast!«, witzelte Simon, und dann zauberte er eine Flasche Sekt und zwei Gläser aus dem Rucksack. Wir setzten uns auf das Brett, Simon füllte die Gläser und wir stießen an.

»Dir ist aber schon klar, dass hier jederzeit Wanderer und Spaziergänger vorbeikommen können, Schatz?« Ich spähte durch die Einstiegsöffnung nach unten und versuchte abzuschätzen, ob man uns wohl vom Weg aus irgendwie sehen könnte. »Ja klar, das macht ja gerade den Reiz aus«, erwiderte Simon. »Wir wollten doch mal was Neues ausprobieren, oder?«

Und bevor ich noch irgendetwas entgegnen konnte, hatte er seine Lippen auf meine gedrückt. Sofort hatte ich alle Bedenken in den Wind geschlagen. Es war einfach herrlich, hier zu sein und mit meinem Mann zu knutschen. Die Sonne schien, es roch nach Holz und Kiefern, und um uns herum konnte man nur die Geräusche des Waldes hören. Als Simon einen Träger meines Kleides nach unten schob, schob ich sofort den zweiten hinterher und zog das Kleid dann bis zur Taille runter.

»Wow, du siehst unglaublich geil aus!« Fasziniert starrte er mich an. Dann nahm er mir das Sektglas aus der Hand und stellte es zusammen mit seinem unter die Bank. Seine Hände umfassten meine Brüste und strichen über die zusammengezogenen Nippel, und ich fühlte, wie mir die Geilheit zwischen die Beine schoss. Dass sich sein steifer Schwanz gut sichtbar durch den weichen Stoff seiner Chino abzeichnete, machte mich noch mehr an. Langsam öffnete ich erst den Knopf und dann den Reißverschluss seiner Hose. Sein Schwanz sprang mir förmlich entgegen, und als ich mich vorbeugte und mich mit meinen Lippen seiner Eichel näherte, lehnte er sich zurück.

»Ja, lutsch ihn mir«, stöhnte er, und genau das tat ich dann auch. Eine Zeit lang war nur sein leises Stöhnen zu hören, während ich mit Zunge und Lippen sein hartes Rohr bearbeitete, doch dann setzte er sich wieder etwas auf und fuhr mit einer Hand durch meine Haare. »Ich glaube, da steht ein Reh auf der Lichtung, Schatz, möchtest du dir das nicht mal ansehen?« Ich hob den Kopf und sah ihn leicht irritiert an. Er deutete auf die fensterartige Luke an der Vorderseite des Hochstandes, und da machte es Klick bei mir.

»Oh, ein Reh! Ja, das schau ich mir auf jeden Fall mal an!« Schnell stand ich auf, schob meinen Kopf durch die Luke und stützte mich mit meinen Händen am Rahmen ab. Meine Beine stellte ich etwas auseinander und wackelte dann aufreizend mit meinem Po hin und her. Sofort war er hinter mir, schob mein Kleid nach oben, meinen String zur Seite und seinen Schwanz in meine nasse Möse. Jetzt war ich diejenige, die stöhnte und keuchte, es fühlte sich unglaublich geil an, so gefickt zu werden, mit dem Kopf in der Natur und dem Arsch in unserem kleinen Liebesnest. Simon machte es ganz langsam, drückte seinen Schwanz erst tief in mich und zog ihn dann fast ganz wieder heraus, nur um ihn dann umso tiefer wieder reinzuschieben. Ich genoss das herrliche Gefühl, hatte die Augen geschlossen und konzentrierte mich ganz auf das, was mein Mann da gerade mit mir machte.

Doch plötzlich hörte ich etwas. Kinderstimmen klangen durch den Wald, und sie kamen eindeutig näher. Auch Simon schien sie gehört zu haben, denn er hielt mitten in seiner Bewegung inne.

»Oma, Opa, schaut mal, da ist so ein Ding für Jäger, dürfen wir da hochklettern? Bitte!!!«

Ach du Scheiße, nein, das war doch jetzt wohl nicht wahr! Ich hörte es schon im Unterholz rascheln, und wollte gerade panisch meinen Kopf aus der Luke ziehen, als eine strenge Stimme erklang. »Malte, Torben, kommt sofort zurück! Das ist viel zu gefährlich!«

»Ach, Menno!« Die Enttäuschung war den beiden anzuhören, aber sie machten kehrt und liefen brav zurück zu ihren Großeltern.

Puh, das war knapp gewesen! Ich schickte ein Dankgebet zum Himmel, dass es noch so etwas wie einen autoritären Erziehungsstil gab, und als die Stimmen sich langsam entfernten, wackelte ich wieder ein bisschen mit dem Po, als Zeichen für Simon, dass er weitermachen konnte. Hm, ich hatte das Gefühl, dass sein Schwanz jetzt noch eine Spur härter war als vorhin, und auch bei mir hatte sich die kleine Unterbrechung nicht gerade negativ ausgewirkt. Irgendwie lag der Reiz des Verbotenen jetzt noch mehr über unserer kleinen Nummer im Wald, und als er seinen Schwanz mit kräftigen, schnellen Stößen in mich trieb, spürte ich, wie sich ganz schnell ein Orgasmus anbahnte.

Doch was war das denn jetzt schon wieder? Wieder näherte sich jemand, und dieses Mal waren es keine Kinder. Da unterhielten sich ein junger Mann und eine junge Frau. »Schau mal, Laura, da steht ein Hochsitz. Komm, da klettern wir mal rauf!«

Verdammter Mist, aus der Nummer würden wir jetzt nicht mehr herauskommen. Ich konnte fühlen, wie mir die Röte ins Gesicht stieg, doch erstaunlicherweise blieb Simon ganz ruhig. »Keine Panik, Schatz«, flüsterte er mir leise zu, »ich mache das schon.«

Ich hatte nicht die geringste Idee, wie er das regeln wollte. Ich drehte meinen Kopf nach hinten, um irgendetwas erkennen zu können, und das, was ich erkannte, machte mich nicht gerade glücklicher. Jeder der unten an der Leiter stand und nach oben blickte, würde unweigerlich Simons nackten Arsch mit der heruntergelassenen Hose sehen. O nein, bitte nicht!

Jetzt hatte der junge Mann die Leiter offensichtlich erreicht und blickte nach oben. Und was machte Simon? Er guckte durch die Einstiegsluke nach unten und zwinkerte unserem Besucher ganz unzweideutig zu!

Gerade wünschte ich mir, dass der Erdboden sich unter uns auftun möge, als ich eine Stimme von unten hörte. »Ach so ein Mist, Laura, die Leiter ist kaputt, da kommen wir nicht hoch. Komm, lass uns weitergehen.«

»Ach, das ist ja schade«, antwortete eine weibliche Stimme, »aber vielleicht finden wir ja woanders noch einen Hochstand.« Und schon hörte man, wie die beiden sich wieder entfernten.

Was war das denn jetzt gewesen? Egal, ich hakte das Ganze mal unter Männersolidarität ab und wandte mich flüsternd an Simon. »So, mein Lieber, jetzt gib aber mal Gas, ein drittes Mal halte ich so einen Schrecken nämlich nicht aus!«

Statt zu antworten, griff er mir mit einer Hand zwischen die Beine. »Jetzt tu mal nicht so, als ob dir das nicht gefallen hätte, Süße! Oder kannst du mir erklären, warum hier sonst alles so klatschnass ist?«

Ja, er hatte recht, mein ganzer Körper vibrierte vor Aufregung, und gleichzeitig pochte meine Klit wie verrückt. Und als er jetzt wieder anfing, mich mit seiner harten Latte zu vögeln, dauerte es nur noch ein paar Sekunden, bis es mir kam. Der Orgasmus war heftig, und am liebsten hätte ich meine Lust laut in den Wald geschrien, aber ich schaffte es irgendwie mich zusammenzureißen. Nur ein paar Stöße später kam es auch Simon, und ich konnte das Zucken seines Schwanzes in meiner Möse spüren, während er sein Sperma in mich pumpte.

DER ZWEITE KICK

Meine Güte, was hatte diese Nummer im Wald nur bei uns ausgelöst! Kaum waren wir zu Hause, sind wir noch einmal übereinander hergefallen, und das war nicht das letzte Mal in dieser Woche. Immer wieder sprachen wir über unser kleines Abenteuer, amüsierten uns über die unerwarteten Unterbrechungen, mit denen wir auf dem Hochsitz klarkommen mussten, und genossen die entspannte und gleichzeitig sexuell aufgeladene Stimmung, die plötzlich wieder zwischen uns herrschte. Dass wir so etwas schnell wiederholen wollten, war klar, und dieses Mal war ich mit der Organisation an der Reihe.

Ich war mir nicht ganz sicher, ob die Idee mit dem Kino so gut umsetzbar sein würde, aber ich wollte es auf einen Versuch ankommen lassen. Zurzeit lief der neue James Bond und das war auf jeden Fall ein passender Film für einen ungewöhnlichen Abend. Obwohl ich Simon im Vorfeld nicht verraten hatte, was wir machen würden, hatte ich ihn gebeten, seinen schicken Anzug anzuziehen, und er sah einfach nur klasse aus, als er frisch gestylt zu mir ins Wohnzimmer kam. Ich selbst trug ein schwarzes Cocktailkleid mit tiefem Ausschnitt, schwarze halterlose Strümpfe und Stilettos mit megahohen Absätzen. Meine Haare hatte ich mir locker hochgesteckt und schwarze Perlenohrringe rundeten das Bild ab. Auch wenn Simon es nicht wusste – wir sahen aus wie Mr. und Mrs. Bond.

Zur Einstimmung lotste ich meinen attraktiven Mann erst mal in eine angesagte Cocktailbar in der Nähe des Kinos. Ich hatte Karten für die Spätvorstellung um 23 Uhr reserviert, weil ich davon ausging, dass es dann im Kino nicht so voll sein würde. Wir hatten also genügend Zeit für ein, zwei anregende Drinks. Schon in der Bar knisterte es gewaltig zwischen uns, und er ließ seine Hände immer wieder über meine Beine gleiten und ertastete dabei auch meine halterlosen Strümpfe, was direkt ein lüsternes Lächeln in sein Gesicht zauberte. Nach dem zweiten Drink verriet ich ihm, wo wir den weiteren Abend verbringen würden.

»Oh, wir gehen ins Kino, da fühle ich mich ja glatt an meine Jugend erinnert«, grinste er. »Allerdings kann ich mich nicht erinnern, schon mal mit so einer attraktiven Frau da gewesen zu sein!«

Wir hatten in der Cocktailbar schon so viel Spaß, dass wir fast die Zeit vergessen hätten. Als wir schließlich am Kino ankamen, lief schon die Werbung, und leicht beschwipst und kichernd schlichen wir uns im Halbdunkel in den Saal. Ich hatte natürlich die besten Plätze für uns reserviert – eine Doppelloge mit viel Beinfreiheit in der letzten Reihe. Bei den Doppellogen gehörten jeweils zwei Plätze zusammen, das Ganze war eigentlich mehr ein kleines Sofa.

Zufrieden stellte ich fest, dass der Saal nur zu etwa einem Drittel gefüllt war. In unserer Reihe saß nur noch ein anderes Paar, allerdings ein ganzes Stück entfernt, und die beiden Reihen vor uns waren leer. Wir setzten uns so hin, dass die entfernten Nachbarn nur Simons Rücken sehen würden, wenn er sich zu mir drehte.

Die langweilige Werbung schauten wir uns natürlich nicht an, die Zeit nutzten wir lieber zum Knutschen und ein bisschen heimlicher Fummelei, und als es dunkel wurde und der Film begann, waren wir schon ordentlich angeheizt.

Daniel Craig spazierte gerade mit einer Waffe in der Hand über die Häuserdächer, als sich Simons Hand unter mein Kleid schob. Langsam wanderten seine Finger weiter nach oben und je höher er kam, umso mehr öffneten sich meine Schenkel. Doch bevor ich ihn mit meinem nicht vorhandenen Slip überraschen konnte, zog er sich plötzlich wieder zurück. Erst war ich ein bisschen enttäuscht, doch dann spürte ich seine Hand am Ausschnitt meines Kleides, und ohne zu zögern, griff er hinein, tastete sich vor und umfasste meine Brust. Er packte richtig zu, nahm die ganze Brust in die Hand, drückte und knetete, und seine Handfläche rieb dabei aufreizend über meinen harten Nippel. Am liebsten hätte ich laut aufgestöhnt, doch ich bemühte mich cool zu bleiben, schaute weiter Richtung Leinwand und kniff meine Lippen zusammen.

Okay, aber warum sollte nur ich es so schwer haben? Ohne den Blick von der Leinwand abzuwenden, griff ich rüber an seine Hose und wurde nicht enttäuscht. Sein Schwanz stand hart und steif nach oben und als ich einmal kurz zudrückte, atmete Simon ziemlich heftig ein. Aber bevor ich ihn weiter scharfmachen konnte, zog er plötzlich seine Hand wieder aus meinem Ausschnitt und schob sie unter mein Kleid. Dieses Mal machte ich die Beine sofort richtig auf, ich wollte nicht, dass er es sich wieder im letzten Moment anders überlegte. Das hatte offensichtlich auch nicht vor, seine Finger fanden den direkten Weg zu meiner Möse, und wieder atmete er hörbar ein.

»Na, du bist ja ein ganz schlimmes Mädchen«, flüsterte er in mein Ohr, »ganz ohne Slip unterwegs und sofort klatschnass, wenn du nur mal kurz befummelt wirst!« Kaum hatte er das in mein Ohr geflüstert, drangen seine Finger auch schon in meine Pussy ein, und ich presste meine freie Hand vor den Mund, um keine verräterischen Geräusche von mir zu geben. Es fühlte sich unglaublich geil an, wie er mich befingerte, und der Zwang, dabei keinerlei Laut von sich geben zu dürfen, heizte mich noch mehr an. Von dem Film und den Leuten um uns herum bekam ich nichts mehr mit, nur der Gedanke, leise sein zu müssen, war noch in meinem Hinterkopf vorhanden. Irgendwann nahm er eine meiner Hände und führte sie zu seiner Hose. Ohne dass ich es mitbekommen hatte, hatte er sie geöffnet und jetzt drückte er mir seinen harten Schwanz in die Hand. Die Spitze der Eichel war schon ganz nass, ein eindeutiges Zeichen, dass er die Situation genauso geil fand wie ich. Kaum hatte ich den Schwanz in der Hand, fingerte er mich noch tiefer. Wie sollte ich das nur aushalten, ohne laut zu stöhnen? Vielleicht wäre Ablenkung eine Möglichkeit … Ich beugte mich vor und umschloss mit meinem Mund seine Eichel. Als Erstes leckte ich mit der Zunge das herausgequollene

Sperma ab, dann nahm ich den Schwanz tiefer auf. Ich weiß nicht, ob es an der veränderten Sitzposition lag, oder daran, dass ich jetzt sehr ungestüm an Simons dickem Riemen lutschte, jedenfalls bewegten sich seine Finger auf einmal kaum noch in mir. Als plötzlich ein ohrenbetäubendes Geballere aus den Boxen quoll, nutze ich die Situation sofort aus und lutschte noch intensiver an Simons Schwanz. Ich konnte sein Stöhnen hören, aber es war eigentlich unmöglich, dass auch jemand anderes etwas davon mitbekam. Ich merkte natürlich, dass ich ihn jetzt gerade mit Leichtigkeit ganz schnell zum Abspritzen bringen könnte, und ich überlegte kurz, es auch zu tun, doch in diesem Moment war die Ballerszene auch schon wieder vorbei. Jetzt zog Simon mich sanft an den Schultern nach oben. »Wir müssen mal eine kleine Pause machen, da haben gerade schon welche zu uns geguckt«, flüsterte er mir zu. O Mist, es hatte gerade so einen Spaß gemacht! Aber ich wollte auch nicht aus dem Kino fliegen, also setzten wir uns beide erst mal ganz brav hin und schauten uns ein paar Minuten lang den Film an.

Meine Güte, war das langweilig, im Gegensatz zu dem, was wir noch ein paar Minuten vorher getrieben hatten. Ich beugte mich zu Simon. »Willst du überhaupt nicht mehr spüren, wie ich mich gerade unten herum anfühle?« Sofort ließ er seine Hand wieder zu meiner Möse gleiten. »Los, setz dich auf mich, lass uns ficken«, war sein Kommentar zu dem, was er da fühlte, und allein die Worte lösten einen Stich in meiner Klit aus. Meine Pussy verlangte dringend nach seinem harten Rohr, ich hatte nur echt keinen Plan, wie wir das hier hinbekommen sollten, ohne irgendwie Aufmerksamkeit zu erregen. Doch Simon schien sich diese Frage nicht zu stellen. Ohne zu zögern, zog er seine Hose einfach ein Stück nach unten. »Na komm schon, setz dich einfach auf meinen Schwanz, mit dem Rücken zu mir und beug dich runter. Es ist doch dunkel hier, da kann keiner was Genaues erkennen.« Er grinste mich verschwörerisch an und hielt dabei seinen Schwanz so in der Hand, dass er steil nach oben stand. Wie sollte ich so ein geiles Angebot ablehnen? Ganz leise und unauffällig stand ich also auf, schwang ein Bein über ihn und setzte mich einfach wieder hin. Was für ein geiles Gefühl, als der dicke Prengel, ohne zu stocken, bis zum Ansatz in mich glitt! Ich hielt mich am Vordersitz fest und machte mich ganz klein, dann hob ich das Becken etwas an, um Simon die Bewegungsfreiheit zum Ficken zu geben.

»Wahnsinn, fühlst du dich geil an!«, keuchte er hinter mir. Uns war beiden klar, dass das jetzt keine lange Nummer werden durfte und auch kein heftiges Rumgeschaukel. Ich krallte mich am Vordersitz fest, während er es mir mit kreisenden Bewegungen mit seinem Schwanz besorgte. Ich glaube, das hätte schon gereicht, um einen Orgasmus bei mir auszulösen, aber als er dann auch noch anfing, an meiner Klit zu reiben, war es um mich geschehen. Während ich mir wieder meine Hand vor den Mund presste, zog sich meine Pussy in heftigen Wellen immer wieder eng zusammen und das genügte, um Simon zum Abspritzen zu bringen. Er füllte mir seinen heißen Saft mit mehreren Stößen tief in die Möse und kam erst zur Ruhe, als auch mein Orgasmus vorbei war.

Ich traute mich kaum, meinen Blick zu heben, weil ich befürchtete, dass der ganze Kinosaal uns anstarren würde. Also ließ ich den Kopf einfach unten, kletterte von Simon und ließ mich zurück neben ihn fallen. Er beugte sich zu mir und küsste mich. »Oh, Schatz, das war einmalig geil, aber ich glaube, wir gehen jetzt besser.« Jetzt sah ich, dass das Pärchen in unserer Reihe miteinander tuschelte. Dann blickten sie zu uns und schüttelten missbilligend ihre Köpfe.

»Okay, lass uns abhauen«, flüsterte ich zurück. »Vielleicht können wir zu Hause ja noch eine zweite Runde einlegen.«

»Gute Idee«, sagte Simon grinsend, und schon richteten wir unsere Kleidung, standen auf und verließen den Kinosaal – natürlich nicht auf der Seite, wo die beiden Sittenwächter saßen.

DAS DRITTE ABENTEUER

Inzwischen waren wir beide von unserer neuen sexuellen Spielart so angefixt, dass wir die nächste Gelegenheit kaum abwarten konnten. Als ich Simon den Vorschlag machte, dass wir uns für das nächste Mal zusammen etwas überlegen könnten, war er sofort Feuer und Flamme. Wir ließen uns die verschiedensten Szenarien durch den Kopf gehen, und dann hatte ich einen genialen Einfall.

Simon und ich sangen zusammen in einem Pop-Chor und einmal in der Woche probten wir im Gemeindehaus unseres Stadtteils. Die Generalprobe für unseren nächsten Auftritt stand am Freitag an, und diese Gelegenheit würden wir nutzen. Das Ganze hatte nicht nur den Reiz des Erwischtwerdens, sondern barg noch ein zusätzliches Risiko. Falls wir tatsächlich bei unserer kleinen Nummer überrascht werden würden, wüsste es innerhalb kürzester Zeit der ganze Chor. Eine ziemlich gewagte Idee, das musste ich schon zugeben.

»Wie soll das denn funktionieren, wir können uns doch nicht einfach mitten in der Probe verdrücken?«, gab Simon außerdem zu bedenken.

»Das kriegen wir schon hin, wenn wir uns auf einen Quickie beschränken, fallen wir doch überhaupt nicht auf!« Ich erläuterte ihm noch einmal den Plan, und je mehr wir davon sprachen, umso geiler fand ich die Vorstellung, es mit ihm zu treiben, während alle anderen noch damit beschäftigt waren, die einstudierten Songs zu trällern. Natürlich konnte Simon trotz seiner Bedenken meinem Vorschlag nicht lange widerstehen, und mit einem leidenschaftlichen Kuss besiegelten wir unseren Plan.

***

Pünktlich hatten sich alle Chormitglieder am Freitag auf der Bühne des Gemeindehauses eingefunden. Da Simon im Tenor und ich im Sopran sangen, standen wir wie immer ziemlich weit auseinander, ein Punkt, von dem ich hoffte, dass er uns in die Karten spielen würde. Vielleicht würde es so nicht ganz so stark auffallen, wenn wir beide für ein Weilchen verschwinden würden ...

Wir hatten unsere Aufstellung eingenommen, und Charlotte, unsere Chorleiterin, warf einen letzten prüfenden Blick auf uns. Bei der Generalprobe trugen wir immer schon unsere Outfits für den großen Auftritt und sie schien sehr zufrieden mit unserem Anblick zu sein. Wir konnten uns aber auch wirklich sehen lassen, die Frauen ganz in Rot, die Männer komplett in Schwarz, das machte schon was her. Dann erklangen auch schon die ersten Töne von unserer Klavierbegleitung, und Charlotte hatte sofort unsere ungeteilte Aufmerksamkeit. Zwölf Lieder würden wir vortragen, und mein Plan war es, mich beim fünften Song zurückzuziehen. Ich war aufgeregt und voller Vorfreude, doch ich hatte mir vorgenommen, zumindest den ersten Teil der Probe perfekt abzuliefern, und das gelang mir auch. Als wir bei Song Nummer vier angekommen waren, ließ ich meine Stimme schon etwas zurückhaltender erklingen und nach der ersten Strophe des fünften Songs trat ich aus der Reihe. Ich sah Charlotte an und deutete mit gequältem Gesichtsausdruck auf meinen Magen, machte eine kreisende Handbewegung davor und verließ dann einfach die Bühne. Charlotte hatte nur kurz eine Augenbraue hochgehoben, danach aber vollkommen unbeeindruckt weiterdirigiert.

Wie verabredet ging ich in die Damenumkleide hinter der Bühne und wartete ungeduldig auf Simon. Den lästigen Slip zog ich sofort aus, bloß keine Zeit verschwenden, gleich mussten wir nämlich Gas geben. Zum Glück ließ er mich nicht allzu lange warten, nur ein paar Minuten später hörte ich Schritte, und er kam herein. Ein angeregtes Glitzern leuchtete in seinen Augen auf, als er meinen roten String auf dem Boden liegen sah. »So, meine Süße, da bin ich. Lass uns loslegen, bevor irgendjemand auf die Idee kommt, uns nachzuschnüffeln!«

»Na dann komm mal her, ich habe mich schon die ganze Zeit auf deinen geilen Schwanz gefreut!« Ich griff nach seiner Hand, zog ihn in den kleinen Dusch- und Waschraum hinter der Umkleide und drückte ihn gegen eines der Waschbecken. Mit geübten Fingern öffnete ich seine Hose und schob sie nach unten. »Wow, da hat aber jemand ganz gewaltige Lust auf Sauereien!«

Anerkennend blickte ich auf seine eindrucksvolle Latte. Die Eichel glänzte dick und prall, und ich konnte nicht anders, als erst mal auf die Knie zu gehen und seinen schönen Schwanz in den Mund zu nehmen. Eigentlich hatten wir gar keine Zeit für so was, wenn wir noch ein bisschen ficken wollten, aber ich hatte einfach unglaubliche Lust ihn zu blasen. Simon ließ mich eine Weile machen, es gefiel ihm natürlich auch, dass ich so geil auf seinen Schwanz war, doch dann unterbrach er mich. »Na los, komm wieder hoch, Süße, ich glaub, der ist jetzt hart genug zum Ficken!«, klärte er mich keuchend auf. Ich fuhr ein letztes Mal mit meiner Zunge um seine Eichel, dann richtete ich mich wieder auf. »Mmmh, dein Schwanz hat sich aber ziemlich gut in meinem Mund angefühlt!«, protestierte ich noch ein bisschen, aber als er seine Hände um meine Hüften legte und mich zum Waschbecken umdrehte, konnte ich schon nur noch ans Ficken denken. Jetzt konnten wir uns im Spiegel ansehen und er grinste mich an. »Das ist aber auch kein Wunder, was meinst du wohl, wie sehr mein Schwanz schon während der Probe gegen die Hose gedrückt hat. Ich konnte an nichts anderes mehr denken, als dich hier gleich richtig durchzuvögeln!« Er schob seine Hand forschend unter meinen knallroten Rock. »Hm, schön nass, mein versautes Biest«, stellte er fest.

»Hör auf zu reden und fick mich endlich!« Ich stellte meine Beine noch eine Idee weiter auseinander, während er mir den Rock bis hinauf auf die Hüften schob. Im Spiegel konnte ich sehen, wie er auf meinen Arsch starrte. Ohne noch ein weiteres Wort zu verlieren, setzte er seine Eichel an, drückte mir sein Rohr in die nasse Möse und vögelte los. Ich konnte ihn hinter mir im Spiegel sehen, und in seinem Gesicht stand die pure Geilheit geschrieben. Er bumste mich schnell und heftig, während ich den Chor auf der Bühne singen und meinen geilen Mann hinter mir stöhnen und keuchen hörte. Irgendwann schloss ich die Augen, um mich ganz auf das geile Gefühl zu konzentrieren, das diese Situation mit sich brachte.

»Na, das habe ich mir doch gedacht, dass ihr zwei euch hier hinten vergnügt!« Entsetzt fuhr ich hoch und blickte vollkommen erschrocken zur Tür. Charlotte stand mit verschränkten Armen angelehnt im Türrahmen und ließ ihren Blick zwischen uns hin und her wandern. Simon verharrte genau wie ich in einer Art Schockstarre, und offensichtlich fiel keinem von uns irgendetwas Gescheites ein, was man hätte sagen können.

»Hat es euch beiden die Sprache verschlagen, oder was ist los?«

»Äh, Charlotte, sorry, aber mir ging es vorhin nicht so gut, und Simon wollte …«, versuchte ich mich an irgendeiner dummen Ausrede, aber unsere Chorleiterin wischte meinen albernen Erklärungsversuch mit einer lässigen Handbewegung weg.

»Erzähl mir keinen Mist, Schätzchen, hältst du mich etwa für blöd? Ich sehe doch, warum ihr mitten in der Probe abgehauen seid! Lust aufs Vögeln hattet ihr zwei!« Zu meiner Überraschung hatte Charlotte das noch nicht ganz ausgesprochen, als sie auch schon ziemlich selbstbewusst näher an uns herantrat. Simon hatte bisher noch kein Wort gesagt und trat irritiert einen Schritt zurück. Nun stand er mit runtergelassener Hose und steifem Rohr vor unserer Chorleiterin, und das machte die Sache auch nicht gerade besser. Doch Charlotte schien das überhaupt nicht zu stören, sie kam noch einen Schritt näher und griff Simon einfach an seinen abstehenden Schwanz. »Oh, jetzt kann ich verstehen, warum ihr zwei euch nach hier hinten verzogen habt! Das ist ja wirklich ein beeindruckendes Rohr, und ich kann mir auch ungefähr vorstellen, warum das so nass ist!«

Völlig perplex starrten wir beide auf Charlotte. Jetzt sah sie mir direkt in die Augen, und ohne Simons Schwanz loszulassen griff sie mit ihrer freien Hand an mein Kinn und fuhr mit dem Daumen zärtlich über meine Lippen. »Ihr zwei seid ja ein richtig versautes Pärchen, das hatte ich schon die ganze Zeit vermutet!«

Obwohl ich immer noch ziemlich schockiert war, gewann ich langsam wieder etwas von meiner Fassung zurück. »Äh, ja, dann gehen wir jetzt wohl am besten wieder zurück zur Bühne, oder?«, stotterte ich ziemlich verunsichert in Charlottes Richtung und hoffte inbrünstig, dass sie zustimmen würde. Doch dann sah ich, wie ein freundliches Lächeln sich auf ihrem Gesicht breitmachte. »Vielleicht sollte Simon zuerst einmal seine Hose hochziehen und ich mache euch in der Zwischenzeit einen Vorschlag!«

Immer noch leicht irritiert nickten wir ihr zu.

»Ich habe die Chorleitung für die nächsten zwei Songs an Steffi übergeben, das heißt, wir haben noch ein paar Minuten Zeit. Also: hier mein Vorschlag. Ich muss sagen, es hat mir richtig gut gefallen, was ich hier gerade gesehen habe. Wenn ihr Lust habt, kommt doch morgen nach dem Auftritt mit zu mir und wir machen uns einen schönen Abend zu dritt.« Sie zwinkerte uns zu. »Na, was meint ihr? Überlegt es euch, aber ich denke, wir drei könnten eine Menge Spaß miteinander haben!« Und ohne eine Antwort abzuwarten, hatte sie sich wieder von uns abgewandt und ging Richtung Tür. Doch dann drehte sie sich noch einmal um. »Ich würde übrigens vorschlagen, dass ihr jetzt besser nach Hause geht. Den anderen werde ich erzählen, dass ihr euch am Mittagessen den Magen verdorben habt und euch deshalb beiden schlecht war. Wir sehen uns dann hoffentlich morgen!« Und weg war sie.

Simon und ich starrten uns für einen Moment an, und dann prusteten wir beide los. Okay, wir würden ihrem Rat wohl besser folgen. Schnell richteten wir unsere Klamotten und verdrückten uns unauffällig nach Hause.

***

Jetzt wollt ihr sicher wissen, wie der nächste Abend nach dem Auftritt weitergegangen ist, stimmt's? Charlotte ist eine sehr attraktive Frau, und wir haben nicht besonders lange gebraucht, bis unsere Entscheidung gefallen war. Dem Reiz eines weiteren versauten Abenteuers konnten wir nicht widerstehen. Wir sind mit zu ihr nach Hause gegangen und haben es definitiv nicht bereut. Aber das ist eine andere Geschichte.

Unsere kleinen Abenteuer außerhalb des Hauses gönnen wir uns nach wie vor ab und zu – aber mit Charlotte ist unser Sexleben nun auch innerhalb der eigenen vier Wände wieder genauso reizvoll wie früher.

Versauter Vierer

Kennt ihr eigentlich das Melrose? Also, ich meine das Melrose Café im Village Naturiste in Cap d'Agde? Das Melrose ist ein ganz besonderer Tanzclub, der einen legendären Ruf genießt und freiheitlich eingestellte Menschen aus ganz Europa anlockt. Hier sind Frivolität und Freizügigkeit nicht nur erwünscht, sondern Pflicht – nur wer angemessen sexy und aufreizend bekleidet ist, kommt überhaupt an den Türstehern vorbei. Und hier haben wir vor ziemlich genau einem Jahr Mira und Björn kennengelernt.

Wir waren das erste Mal im Naturistenzentrum von Cap d'Agde und kannten uns noch nicht überall so gut aus. Den sogenannten *Schweinchenstrand* hatten wir allerdings sofort gefunden und gleich unseren ersten Tag dort verbracht. Die am Strand offen zur Schau gestellte und ausgelebte Lust hatte uns schon ziemlich geflasht. Aber der Abend stand dem in nichts nach – staunend hatten wir die unzähligen Menschen beobachtet, die überall im Village Naturiste völlig ohne Hemmungen die heißesten Outfits und die freizügigsten Kleidungsstücke präsentierten. Hier war eindeutig Sehen und Gesehen-Werden angesagt – und das auf eine möglichst frivole Art. In einer der Bars waren wir dann mit einem Mann ins Gespräch gekommen, der schon seit Jahren hier seinen Urlaub verbrachte. Er hatte uns vom Melrose erzählt, und für Jackie war sofort klar gewesen: »Genau der richtige Laden für uns! Da gehen wir morgen hin!«

Als wir uns am nächsten Abend zum Melrose aufmachten, hatte Jackie sich mit einem heißen, tief ausgeschnittenen Minikleid und hochhackigen Lackpumps ordentlich aufgebrezelt, und ich sah in meinen engen Jeans und dem weit aufgeknöpften, figurbetontem Hemd auch nicht schlecht aus. Schon draußen vor dem Club bekamen wir einen Eindruck von der extrem geilen Atmosphäre, die drinnen herrschte, denn der Laden hatte eine ungewöhnliche Besonderheit zu bieten. Eigentlich sah er ein bisschen aus wie ein Saloon in einem Western, jedoch war die Vorderseite komplett offen gestaltet, das heißt, man konnte von außen verfolgen, was im Inneren abging. Das lockte natürlich jede Menge Leute an, von denen die meisten nach ein bisschen Gucken von außen ziemlich schnell den Weg ins Innere des Clubs suchten. Übrig blieben nur die, die nicht hineinkamen – Solomänner und Paare, die sich nicht aufreizend genug gekleidet hatten. Immerhin konnten sie das Treiben weiter von außen verfolgen und sich auf diese Art und Weise trotzdem ein paar Appetithäppchen mit nach Hause nehmen.

Im ganzen Club waren Poledance Stangen auf verschiedenen Podesten verteilt, dass Größte davon stand in der Mitte des Raums, aber auch auf den verschiedenen Theken gab es solche Stangen und ebenfalls auf weiteren kleineren Podesten, die an den Seitenwänden verteilt waren. Hier zeigten nicht nur Profis, was sie konnten, es war auch allen Gästen erlaubt, sich an den Stangen zu präsentieren, und das wurde nur zu gern von den offenherzigen Besucherinnen in ihren sexy Outfits genutzt. Selbst der ein oder andere Mann ließ sich, angefeuert von dem Gejohle der feiernden Menge, für eine kleine Tanzeinlage auf das Podest locken. Doch vor allem die leicht bekleideten und sich lasziv rekelnden Frauen boten einen unverschämt geilen Anblick.

In dieses Dorado der Lust wollten wir schnellstmöglich eintauchen und reihten uns in die Schlange der Wartenden ein. Scheinbar waren wir für die streng dreinblickenden Türsteher sexy genug, denn ohne Probleme passierten wir kurz darauf den Eingang. Den entscheidenden Tipp mit der passenden Kleidung hatte uns glücklicherweise der Typ am Vorabend noch mit auf den Weg gegeben.

Schnell hatte ich zwei Cuba Libre für uns geordert, und mit den Drinks in den Händen drehten wir die erste Runde durchs Melrose. Die Stimmung war ausgelassen, die lauten Beats aus den Boxen und die geilen Outfits der weiblichen Gäste sorgten für eine äußerst lockere Atmosphäre, von der wir uns willig mitreißen ließen. Wie wir von draußen schon gesehen hatten, waren die frei zugänglichen Pole Dance Stangen das absolute Highlight des Clubs. Die Podeste waren die ganze Zeit von tanzwütigen Mädels besetzt, und wenn eine mal eine Pause brauchte, rückte sofort die Nächste nach. Obwohl die Tänzerinnen keine Profis waren, hatten einige von ihnen ganz schön was drauf, und man konnte ihnen ansehen, wie viel Spaß sie bei ihren kleinen Showeinlagen hatten. Mit Klatschen und Pfeifen trieb das gebannte Publikum die Frauen zu immer neuen wilden Aktionen an, und die gingen nur zu gern darauf ein. Natürlich war der Flirtfaktor bei dieser Partystimmung auch unterhalb der Podeste riesengroß, und so ließen wir uns gut gelaunt und angeregt von den heißen Tänzerinnen durch den Club treiben.

Es wurde immer voller, und irgendwann war das Gedränge so groß, dass man sich ohne Körperkontakt nicht mehr durch die Menge bewegen konnte. Die Leute waren in Stimmung, das war nicht zu übersehen, und überall sah man flirtende und knutschende Paare, deren Hände sich unter Röcke oder in Hosen drängten. Auch Jackie in ihrem sexy Outfit erntete jede Menge bewundernde Blicke, und die ein oder andere Hand landete im Vorbeigehen wie zufällig irgendwo auf ihrem Körper.

Als wir uns an einem attraktiven Typen mit schulterlangen Haaren vorbeidrängten, strich seine Hand nicht nur wie selbstverständlich über ihren Po, er beugte sich auch zu Jackie hinunter und flüsterte ihr lächelnd etwas ins Ohr. Als ich Jackies äußerst freundliche Reaktion darauf sah, war ich mir ziemlich sicher, dass wir den Typen heute noch mal wiedersehen würden. Während ich mich ebenfalls an ihm vorbeischob, nickte ich ihm freundlich zu.

Alles war so einfach, seit ich mit Jackie zusammen war. Keine blöde Eifersucht belastete unsere Beziehung, sondern es herrschte gegenseitiges Vertrauen, und es war für uns beide kein Problem, dem Partner die sexuellen Freiheiten zu gönnen, die er brauchte. Und dass wir hier in Cap d'Agde auch ein bisschen was erleben wollten, war sowieso klar.

Inzwischen war es zu voll zum Herumlaufen geworden, und wir suchten uns im Gedränge einen Platz nahe dem großen Podest in der Mitte des Melrose. Ich stellte mich hinter Jackie, und gebannt schauten wir den Mädels an den Tanzstangen zu. Besonders zwei von ihnen lieferten eine äußerst heiße Show ab, und es war schwer zu sagen, ob das wirklich Gäste oder doch eher Profitänzerinnen waren. Ihre Oberteile hatten sie längst abgelegt, vielleicht hatten sie auch nie welche getragen, und mit wippenden Titten und kreisenden Ärschen präsentierten sie sich den umstehenden Gästen. Ihre Blicke und Gesten forderten geradezu dazu auf, ruhig auch mal zuzugreifen, und fast alle Männer und auch die eine oder andere Frau, die es schafften, die tanzenden Körper zu erreichen, taten ihnen diesen Gefallen. Das schien die beiden nur noch mehr anzuheizen, und ihre Show wurde immer zügelloser und wilder. Sie hatten eine unglaublich geile Ausstrahlung beim Tanzen, und das schien nicht nur mich mächtig anzumachen, denn schon ein paar Augenblicke später spürte ich, wie Jackie ihren Arsch mit kreisenden Bewegungen an meinem Schwanz rieb. Dass der sie schon halbsteif empfing, gefiel ihr offensichtlich, ich kannte dieses lüsterne Lächeln in ihrem Gesicht nur zu gut. Also drückte ich das Objekt ihrer Begierde im Rhythmus der Beats gegen ihren Po, und sie antwortete mir mit intensivem

Reiben. Plötzlich spürte ich, wie mich jemand sanft von hinten umschlang, und ein eindeutig weiblicher Körper sich ganz eng an mich schmiegte. Überrascht warf ich einen Blick über die Schulter und sah direkt in zwei sinnliche braune Augen, die strahlend zu mir aufblickten. Gleichzeitig tippte der Typ von vorhin freundlich lächelnd mit dem Ellenbogen gegen Jackies Schulter. Er balancierte vier Cuba Libre in den Händen, und wieder beugte er sich zu ihrem Ohr hinunter und flüsterte irgendetwas hinein. Was er zu sagen hatte, schien ihr zu gefallen, denn lächelnd erwiderte sie irgendetwas, und sie wechselte dabei unverkennbar in den Flirtmodus. Nach einem kurzen Wortwechsel deutete er nun auch auf seine Begleitung, die sich mittlerweile neben mich gestellt hatte und mich dabei immer noch umschlungen hielt. Jackie schien von seiner kurzen Ansprache überzeugt zu sein, denn sie nahm ihm einen der Longdrinks aus der Hand und drehte sich dann zu mir um. »Hey Schatz, das sind Mira und Björn. Die zwei würden gern was mit uns trinken und haben auch gleich die passenden Drinks mitgebracht!«

Ich hatte doch gewusst, dass wir den Typen heute noch mal wiedersehen würden, aber dass er auch noch eine so attraktive Begleitung mitgebracht hatte, war unerwartet und deshalb umso erfreulicher. Grinsend nahm ich eines der Gläser von Björn entgegen. »Klar, gern, wir sind Jackie und Alex, dann lass uns mal anstoßen!«

Na ja, was soll ich sagen, sowohl das Melrose als auch die zwei erwiesen sich für uns als Volltreffer, das wurde noch in der gleichen Nacht deutlich. Mira sah einfach klasse aus, und dass Björn Jackie gefiel, war auch nicht zu übersehen. Während die Stimmung im Melrose immer ausgelassener und frivoler wurde, kamen wir vier uns immer näher. Irgendwann verließen wir den Club und feierten in Björns und Miras Appartement weiter, und wer es letztlich mit wem und wie oft getrieben hat, weiß ich ehrlich gesagt nicht mehr. Aber ich bin mir ganz sicher, dass ich nicht nur Sex mit meiner Freundin hatte …

Beim gemeinsamen Frühstück irgendwann am nächsten Nachmittag, war schnell klar, dass wir uns auch außerhalb von Party und Sex gegenseitig sympathisch und attraktiv fanden. Wie sich herausstellte, waren Mira und Björn aktive Swinger und immer auf der Suche nach einem gleichgesinnten Pärchen, mit dem sie vögeln konnten. Genau das hatten wir damals im Melrose gesucht, und der Zufall hatte uns zusammengeführt.

***

Jetzt, ein gutes Jahr später, sind wir vier ein eingespieltes Team, dass sich immer wieder regelmäßig zum Swingen trifft. Hemmungsloser Sex – das ist unser großer gemeinsamer Nenner. Aber jeder von uns hat natürlich auch individuelle Vorlieben und Neigungen, und darauf gehen wir untereinander ein. Manchmal ergibt sich einfach alles ganz spontan, und ein anderes Mal besprechen wir vorher, in welche Richtung unser Treffen laufen soll.

Genau so war es auch am letzten Wochenende. Unsere kreativen Ladys hatten uns Männern nämlich zusammen einen »Wunschsex-Gutschein« zu unserem einjährigen Kennenlernen geschenkt, und deshalb standen Björns und meine Vorstellungen und Wünsche im Vordergrund.

Das war auch der Grund, warum ich mich noch im Badezimmer befand, während die anderen drei nebenan im Schlafzimmer schon mal ein bisschen miteinander rummachten.

Ich liebe es, mich von eindeutigen Geräuschen zunächst mal ein bisschen anheizen zu lassen. Mein Kopfkino springt dann sofort an und das macht mich richtig heiß.

Als ich aus der Dusche kam, konnte ich die drei durch die angelehnten Türen schon hören, Miras leises Lachen, Jackies

Stöhnen und Björns geiles Keuchen. Ich griff nach einem Handtuch und rieb meinen Körper damit trocken. Besonders viel Zeit ließ ich mir bei meinem Schwanz, das Rubbeln mit dem rauen Frottee fühlte sich geil an, und als ich fertig war, konnte ich zufrieden auf eine schöne, dicke Latte blicken.

Wir kannten uns inzwischen schon richtig gut und hatten uns schon viele Male zum Sex getroffen, aber trotzdem war ich wie immer aufgeregt und angeregt, wenn es dann endlich zur Sache ging.

Es macht mich einfach an, anderen beim Ficken zuzusehen, und ganz besonders anregend ist es für mich, wenn meine Freundin von einem anderen Schwanz richtig durchgevögelt wird.

Das Wissen, genau das alles gleich live erleben zu dürfen, sorgte dafür, dass meine Latte schön steif stehen blieb und keine Anstalten machte, wieder abzuflauen. Ich öffnete die Badezimmertür ganz und lauschte einen Moment. So waren die Geräusche, die die drei machten, noch besser zu hören. Wie vereinbart hatten sie die Schlafzimmertür nur angelehnt, sodass ich zwar nichts sehen, aber alles gut hören konnte. Langsam näherte ich mich der Tür, lehnte mich dann an der Wand gegenüber an, hörte noch ein bisschen zu und rieb mir genüsslich den Schwanz dabei. Perfektes Timing.

Wie immer war Jackie die lauteste von den dreien, selbst beim Blasen stöhnte sie immer so heftig rum, dass man glauben könnte, sie würde gerade im Sandwich genommen. Aber auch Mira und Björn waren nicht zu überhören, und in meiner Fantasie war die Szene, die sich da gerade im Schlafzimmer abspielte, so geil, dass ich auch endlich bei den Sauereien mitmischen wollte. Klar, das Zuhören machte eine Zeit lang Spaß, aber das hieß natürlich nicht, dass ich nicht irgendwann auch etwas sehen und anfassen wollte.

Ich öffnete die Tür und trat ins Schlafzimmer. Meine Augen mussten sich kurz an das gedimmte Licht gewöhnen, doch dann nahm ich den versauten Anblick, den die drei mir boten, in aller Deutlichkeit wahr. Sie hatten sich perfekt für mich positioniert und obwohl sie natürlich genau wussten, dass sie jetzt einen Zuschauer hatten, unterbrachen sie ihr Treiben nicht.

Björn hatte es sich auf der Mitte unseres großen Bettes bequem gemacht, halb sitzend lehnte er sich am Rückenteil an und hielt seinen Schwanz mit einer Hand. Ein fetter silberner Cockring zierte sein angeschwollenes Rohr und sorgte dafür, dass seine Eier dick und prall nach oben gedrückt wurden. Jackie lutschte leidenschaftlich an seiner Eichel, und Miras Zunge beschäftigte sich hingebungsvoll mit seinen Eiern. Sie machten es so geschickt, dass ich alles genau sehen konnte, und als Björn mir auch noch grinsend zuzwinkerte, konnte ich nicht anders, als sein Grinsen zu erwidern. Wir zwei hatten wirklich die geilsten Weiber auf Erden!

Und natürlich wussten die beiden ganz genau, wie sie mich richtig scharfmachen konnten. Kaum hatte ich den Raum betreten, da schwang Jackie elegant ein Bein über Björn und streckte ihm ihren Hintern entgegen, wobei sie mühelos weiterhin seinen Schwanz mit ihren Lippen umschlossen hielt. Diese kleine 69er-Aufforderung schien Björn sofort zu verstehen, denn er rutschte etwas nach unten und schon hatte er seinen Kopf zwischen Jackies Beinen vergraben. Er zog sie noch ein bisschen zu sich runter, und als Jackie lustvoll aufstöhnte, war klar, dass er mit seiner Zunge gleich zur Sache gekommen war. Mira ließ sich von Jackies Stellungswechsel kein bisschen irritieren; sie leckte und lutschte weiterhin so leidenschaftlich an Björns prallem Sack, dass ich am liebsten sofort mit ihm getauscht hätte.

Aber so in Eile war ich dann doch nicht, denn genauso wie das Zuhören machte mich auch das Zuschauen tierisch an. Was die drei trieben, sah einfach geil aus, und dass Björn auch noch mit einem schönen, dicken Schwanz ausgestattet war, machte die Sache noch besser. Auch die beiden Mädels fanden seinen Schwanz toll, damit hielten sie nicht hinter dem Berg, wenn wir uns über Sex im Allgemeinen und unsere Vierer im Besonderen unterhielten. Dann lobten sie nicht nur seine Ausdauer und Standfestigkeit, sondern erzählten auch immer gern davon, dass er sie nahezu perfekt ausfüllte. Das machte mich glücklicherweise kein bisschen eifersüchtig, ich wusste schließlich auch um meine eigenen Qualitäten und kam mit Sicherheit nicht zu kurz, wenn wir vier zusammen waren.

Jetzt waren die beiden jedoch so intensiv mit dem Objekt ihrer Begierde beschäftigt, dass ich schon befürchtete, vergessen zu werden. Da hatte ich allerdings die Rechnung ohne Mira gemacht. Ohne von Björns Eiern abzulassen, drehte sie nun ihren Po in meine Richtung und wackelte provozierend ein bisschen damit hin und her. Freudig überrascht sah ich, dass es zwischen ihren Pobacken glitzerte – Mira trug ihren Analplug, und das gab mir schon mal einen Ausblick auf die geilen Dinge, die heute noch kommen würden. Ein auffordernder Blick in meine Richtung genügte, und aus dem Dreier wurde ein Vierer.

Ich kniete mich vor das Bett und hatte ihren geilen Arsch jetzt genau auf Augenhöhe. Ihre glatt rasierte, feucht glänzende Möse und der darüber schimmernde Schmuckstein, mit dem ihr Analplug abschloss, waren ein fantastischer, äußerst anregender Anblick, und als sie wieder anfing, aufreizend mit ihren Pobacken zu kreisen, war bei mir jede Zurückhaltung verschwunden.

Ich beugte mich vor und ging auf Erkundungstour. Mit meiner Zunge teilte ich erst ihre Schamlippen und schob sie dann tief in sie hinein. Ihre weichen Pobacken umrahmten dabei mein Gesicht und ihr wahnsinnig anregender Geruch berauschte meine Sinne. Ich leckte überall an ihrer Spalte entlang, ließ mir Zeit dabei und erkundete alles, was ich erreichen konnte. Mira stöhnte leise, stellte ihre Beine weiter auseinander und öffnete sich für mich. Ich bearbeite intensiv ihre Klit, umkreiste sie mit meiner Zunge, saugte langsam und vorsichtig und benutzte dann nur meine Zungenspitze, um sie noch weiter zu reizen. Ich konnte spüren, wie ihre Klit anschwoll, es fühlte sich herrlich an, und ich hätte noch ewig so weitermachen können, doch dann schob Mira eine Hand zwischen mich und ihre Pussy und unterbrach mein geiles Lecken, ein eindeutiges Zeichen, dass sie noch nicht kommen wollte. Gleichzeitig wurde es auf dem Bett zunehmend lauter, und das lag ganz eindeutig an meiner Freundin. Okay, das hörte sich auch nicht gerade langweilig an, und ich stand auf und stellte mich neben das Bett, um besser sehen zu können.

Sofort drehte sich Mira zu mir. »Das war göttlich, Süßer! Wenn du möchtest, verwöhne ich dich auch ein bisschen, während du dabei zusiehst, wie deine Freundin richtig durchgefickt wird. Na, wie wär's?«

Was für eine Frage, so ein geiles Angebot konnte ich natürlich nicht ablehnen! Und als ob sie das Ganze noch reizvoller für mich machen wollten, wechselten jetzt auch noch Björn und Jackie ihre Position. Sie ging auf alle viere, und er kniete sich hinter sie und legte zunächst mal seinen geilen Prengel mitsamt dem Cockring provokativ auf ihrem Arsch ab. Was für ein Anblick! Der Schwanz glänzte noch nass von der intensiven Behandlung, die er gerade genossen hatte, und sah beeindruckend imposant aus. Jackie drückte sich immer wieder auffordernd gegen Björn, sie wollte offensichtlich lieber von diesem Hengstschwanz gefickt werden, statt ihn nur auf sich rumliegen zu haben. Ich hatte ich die perfekte Sicht auf die beiden und fieberte dem Fick wahrscheinlich fast genauso sehr entgegen wie Jackie. Björn nahm jetzt seinen Prengel in die Hand, klatschte ihn ein paar Mal auf Jackies Arsch und schob ihn dann zwischen ihre Beine. Sofort ging ihr Kopf nach unten und ihr Arsch nach oben. Langsam drückte er die dicke Eichel in ihr Loch und mit jedem Zentimeter, den er in sie eindrang, wurde ihr Stöhnen lauter.

Von Zurückhaltung beim Sex hatte Jackie noch nie was gehalten, und auch jetzt ließ sie ihren Gefühlen freien Lauf. Björns Hände packten ihre Hüften mit kräftigem Griff, während er den Prengel – für seine Verhältnisse immer noch sehr vorsichtig – in ihre Pussy schob. Klar, auch die geile Jackie musste sich an die Größe erst mal gewöhnen, zumal der Cockring dieses Mal für sichtbar mehr Volumen als sonst gesorgt hatte. Doch das ging bei ihr für gewöhnlich recht schnell, so nass, wie sie bei jedem Fick wurde. Er gönnte ihr trotzdem erst mal ein paar sanfte Stöße und legte seinen Schwanz sogar noch einmal zur Begutachtung auf ihrem Arsch ab. Mir war klar, dass er das nur für mich tat, er wusste genau, wie scharf mich der Anblick machte. Es sah einfach verdammt geil aus, auch deshalb, weil Jackie in dieser Stellung mit gesenktem Kopf und durchgedrücktem Hohlkreuz besonders versaut rüberkam. Für ein paar Sekunden starrten wir alle drei fasziniert auf den dicken, nassen Schwanz, der auf dem runden Arsch lag.

»Geht's hier auch noch mal irgendwann weiter?« Jackie hatte den Kopf zu uns umgedreht und grinste uns an. Mein Mädchen hat echt Humor, und wir mussten alle lachen. »Klar, Baby, ich kann's ja selbst kaum erwarten!« Und mit diesen Worten schob Björn seinen Schwanz wieder in sie hinein, und dieses Mal tat er es nicht besonders sanft.

Freudig überrascht quiekte Jackie auf und im gleichen Moment berührten Miras sanfte Lippen meinen Schwanz. Ich sah zu ihr hinunter und musste wieder mal feststellen, dass Björns Freundin die geborene Schwanzlutscherin war. Ihre vollen Lippen hatte sie dunkelrot geschminkt und mit ihren großen dunklen Augen blickte sie verführerisch-unschuldig zu mir hinauf. Ihr Anblick versprach alles, und sie hielt es auch. Ohne ein Wort zu sagen, küsste sie zuerst zärtlich meine Schwanzspitze, bevor ihre Zunge in Erscheinung trat und die Kontrolle übernahm. Sie leckte über meine Eichel, umkreiste sie erst ein paarmal, schob sich dann langsam zur Unterseite vor und spielte weiter mit mir. Dann öffnete sie den Mund richtig und nahm meine harte Latte auf. Ihre Zunge blieb dabei weiter im Einsatz und erkundete Stück für Stück jeden Zentimeter, den ich in ihren Mund schob. Sie wusste genau, worauf ich stand, und ließ sich beim Spiel mit ihrer Zunge viel Zeit. Ich fühlte, wie megahart mein Schwanz in ihrem Mund wurde, aber sie gönnte mir zwischen all dem Lutschen, Lecken und Saugen auch immer wieder Erholungspausen und verhinderte so, dass ich zu früh abspritzte.

Jetzt legte auch Björn richtig los. Mit harten, schnellen Stößen trieb er seinen durch den Cockring richtig dick gewordenen Schwanz in meine Freundin, und schon nach ein paar Sekunden verlor Jackie komplett die Kontrolle. Darauf hatte sie die ganze Zeit gewartet, alles andere war nur Vorgeplänkel für sie gewesen, und ihr Stöhnen und ihre spitzen Schreie waren ein eindeutiges Zeichen, dass es ihr gleich kommen würde.

Björn spürte es auch, und angefeuert davon trieb er seinen Schwanz noch wilder in sie hinein, und das laute Klatschen, das zu hören war, wenn ihre Körper zusammenstießen, mischte sich mit Jackies Schreien. Doch dann wurde sie plötzlich ganz still, für den Bruchteil einer Sekunde hielt Jackie den Atem an, und dann schrie sie ihren Orgasmus förmlich hinaus. Es sah so unglaublich geil aus, wie Björn einfach weiterfickte, während sich Jackie in seinen Händen wand und ihren Kopf immer wieder in den Nacken warf. Auch Mira hatte ihr Lutschen kurz unterbrochen, damit sie nichts von der heißen Szene verpasste. Wie Jackie abging, machte uns alle total an, und für ein paar Sekunden hatte sie unsere volle Aufmerksamkeit.

Doch das währte natürlich nicht allzu lange, und schon hatte Mira wieder bei mir angedockt. Jetzt ließ sie ebenfalls jede Zurückhaltung fallen und ging deutlich intensiver und heftiger zur Sache als vorher. Mein Schwanz verschwand in seiner ganzen Länge in ihrem Mund, und dabei saugte sie so versaut daran, dass ich spürte, wie mein Sperma ein Stück nach oben schoss. Einfach Wahnsinn, wie sich das anfühlte! Ich schloss die Augen und genoss das intensive Gefühl, das Mira bei mir auslöste. Allzu lange konnte ich die Augen allerdings nicht geschlossen halten, denn schon wieder konnte ich Jackie und Björn hören, und ich wollte einfach nichts verpassen. Wie erwartet, hatte sich die Szenerie verändert, denn jetzt wurde Björn verwöhnt. Die beiden lagen nun nebeneinander auf dem Bett und sie rieb mit beiden Händen an seinem Ständer. Dabei hatte sie die Beine so breit aufgestellt, dass ich einen direkten Blick auf ihre rosige, gerade durchgevögelte Möse hatte. Der Anblick war so geil, dass mein Sperma sofort Richtung Ausgang drängte und ich schnell wieder wegsehen musste. Jackie wusste natürlich genau, wie es zwischen ihren Beinen aussah, wenn sie so einen heftigen Fick mit Björns Megaschwanz hinter sich hatte, und sie präsentierte mir den Anblick mit voller Absicht. Schamgefühl ist einfach ein Fremdwort für Jackie und ich liebe genau diese vollkommen hemmungslose Art an ihr.

Aber es war mir noch zu früh, ich wollte noch nicht kommen, schließlich hatte ich trotz der echt heißen Szenen, die ich heute schon erlebt hatte, Miras Analplug nicht vergessen.

Außerdem wusste ich genau, dass Jackie bei Weitem noch nicht genug hatte, bei ihr hält der sexuelle Appetit nach dem ersten Orgasmus unvermindert an, und der Abend war noch längst nicht zu Ende.

Auch Mira hatte jetzt gesehen, wie Jackie da lag, und sie hatte das Zeichen genau verstanden. Wir wussten schließlich alle, was für eine Zungenkünstlerin sie war, und das schloss Jackie mit ein. Mira ließ meinen Schwanz aus ihrem Mund gleiten. »Du hast doch sicherlich nichts dagegen, wenn ich mich mal kurz um Jackie kümmere, oder?« Die Frage war natürlich nicht ernst gemeint, das war klar, aber ich nickte ihr trotzdem aufmunternd zu. »Mach nur, ich werde schon eine andere Beschäftigung finden«, erwiderte ich grinsend und schon war sie auf das Bett geklettert und schubste Björn mit einer lässigen Handbewegung von Jackie weg. Er musste noch warten, aber selbstverständlich würde er auch noch an die Reihe kommen.

Wir Jungs kamen immer voll auf unsere Kosten, wenn sich die beiden Mädels miteinander vergnügten, und es war jedes Mal geil, ihnen zuzusehen. Jetzt beugte Mira sich zu Jackie hinunter, küsste sie erst zärtlich, leckte über ihre steifen Nippel, saugte kurz daran und bewegte ihre Zunge dann zielstrebig hinunter zu Jackies Pussy. Beide Frauen stöhnten lustvoll auf, als sie sich so intim berührten, und ich konnte nur erahnen, wie geil sich das gerade für Jackie anfühlte. Auch Mira hatte ihren Spaß, sie hatte uns schon des Öfteren davon erzählt, wie geil es sie machte, eine Möse zu lecken, die ihr Freund kurz vorher mit seinem dicken Prengel durchgefickt hatte. So hatten wir alle unsere speziellen Obsessionen, und das wirklich Geile daran war, dass unsere Neigungen super zusammenpassten und wir uns gegenseitig gern unsere Wünsche erfüllten.

Der Anblick, wie Mira mit ihrer Zunge Jackies Pussy erkundete und immer wieder über ihre Klit leckte und sie zärtlich umspielte, war kaum auszuhalten. Mira hatte sich auf dem Bett zwischen Jackies Beinen positioniert und hob immer wieder den Kopf ein wenig an, damit wir auch etwas zu sehen bekamen. Björn hatte seinen Schwanz in der Hand und wartete offensichtlich nur auf seinen nächsten Einsatz. Aber jetzt war ich erst mal an der Reihe, denn Mira hob ihren Arsch an, ohne ihr geiles Lecken zu unterbrechen, und geschickt zog sie sich mit einer Hand den Buttplug aus dem Anus und ließ ihn einfach auf den Boden fallen. Na, wenn das keine Einladung war!

Sofort war ich bei ihr und stellte mich hinter sie an das Bett. Obwohl mein Schwanz dick angeschwollen war, konnte ich ihn ihr jetzt mit Leichtigkeit in den Arsch schieben. Tiefer und tiefer drang ich in das enge Loch vor, und jetzt mischten sich Jackies und Miras Stöhnen. Noch hielt ich mich zurück, schließlich war Mira ja auch noch mit Jackie beschäftigt, und es machte mir Spaß, meinen Schwanz erst mal ganz langsam immer wieder tief in ihren Arsch zu schieben.

Jackie würde es gleich kommen, ich sah es ihr an. Miras Zunge leistete wie immer ganze Arbeit, und plötzlich griff Jackie hektisch nach einem der Kopfkissen und presste es sich vor den Mund. Ihre erstickten Schreie waren trotzdem deutlich zu hören, und ich konnte sehen, wie sie unter dem zweiten Orgasmus bebte. Die Wellen durchliefen sie, hinterließen eine Gänsehaut auf ihrem Körper und wurden von lustvollem Stöhnen begleitet. Mira wartete geduldig, bis Jackie fertig war und schließlich mit einem glücklichen Lächeln im Gesicht ganz entspannt zwischen den Kissen lag. Dann erst hob sie den Kopf und gab mir damit das Zeichen, dass sie bereit für mehr war. Sofort begann ich, ihr richtig in den Arsch zu ficken, so, wie sie es mochte und wie sie es uns schon oft erzählt hatte. Die Reibung in dem engen Loch war unglaublich geil und der Anblick, wie mein Schwanz immer wieder, ohne auf den geringsten Widerstand zu stoßen, in ihrem Arsch verschwand, machten mich fast wahnsinnig. Dass Mira auch noch lustvoll dabei stöhnte und immer lauter wurde, je heftiger ich in sie stieß, machte das Ganze noch geiler. Jetzt näherte sich Björn mit seiner Riesenlatte wieder dem Bett und Jackie verstand sofort, was er vorhatte. Gekonnt wand sie sich unter Mira hervor und machte Platz für ihn. Er war sofort auf dem Bett, kniete sich vor die stöhnende Mira und bot ihr seinen Schwanz an. Wie hätte sie bei dem Prachtexemplar Nein sagen können? Sie hob den Kopf und langsam schob Björn seinen inzwischen bis zum Bersten angeschwollenen Schwanz zwischen ihre Lippen. Okay, jetzt würde es auch für uns drei nicht mehr lange dauern, die Szene war einfach für alle zu geil. Ich ließ meine Hand zwischen Miras Beine gleiten und tastete mich bis zu ihrer klatschnassen Pussy vor. Während mein Schwanz in immer schnellerem Rhythmus von hinten in ihren Arsch eindrang, fickte Björn sie von vorn in den Mund und gleichzeitig rieb ich heftig und schnell an ihrer angeschwollenen Klit. Als ich das erste Zucken an meinen Fingern spürte, gab es auch für mich kein Halten mehr. Björn kannte mich gut genug, er konnte an meinem Gesichtsausdruck ablesen, was gerade passierte. Schnell zog er seinen Schwanz aus Miras Mund und hielt ihn vor ihr Gesicht. Und während ich mit einem unglaublichen Druck mein Sperma in Miras Arsch schoss und sie selbst stöhnend und keuchend ihren Orgasmus genoss, spritzte Björn ihr sein Sperma ins Gesicht und über ihre Titten. O Mann, so geil hatte ich schon lange nicht mehr gefickt!

Verschwitzt und mit seligem Gesichtsausdruck lagen wir ein paar Minuten später leicht zusammengequetscht zu viert auf dem Bett. »Wisst ihr, wie geil das gerade war?«, sagte ich in die Runde grinsend. »Das war genauso geil wie unsere erste Nacht, nachdem wir uns im Melrose kennengelernt hatten. Und deshalb mache ich uns jetzt auch vier schöne Cuba Libre!«

Björn hob die Hand, um mit mir abzuklatschen. »O Mann, das ist eine der besten Ideen, die du je hattest!«

Eine frivole Flussfahrt – Wildes Treiben in der Natur

»Na, was meinst du, kann ich hier mein Oberteil endlich ablegen?«

Ohne eine Antwort von Ben abzuwarten, öffnete Kati den Verschluss ihres Bikinis und ließ ihn einfach fallen. »Hier ist doch eh keiner außer uns und dich stört der Anblick meiner zwei Süßen doch nicht, oder?« Sie warf ihm einen verführerischen Blick zu, legte dann die Hände um ihre geilen Titten und drückte sie ein bisschen zusammen. Dass sie mit dieser kleinen Einlage seine gesamte Aufmerksamkeit auf sich lenken würde, war klar, und um ihren Freund zusätzlich noch ein bisschen zu reizen, fing sie an, über ihre Nippel zu reiben, die sich daraufhin sofort zusammenzogen. Das war natürlich ganz nach Bens Geschmack, und sofort stellte er das Rudern ein und ließ die Paddel einfach ins Wasser hängen. Da sie in einer Halterung steckten, würden sie nicht verloren gehen. Genüsslich lehnte er sich an der Schlauchbootwand an und starrte sehnsüchtig auf die äußerst reizvollen Titten seiner Freundin.

Kati sah heute wieder so unverschämt geil aus, dass er sich am liebsten sofort auf sie gestürzt hätte, aber er wartete lieber noch ein wenig ab. Manchmal war es klüger, ihr die Initiative zu überlassen, denn nicht selten führte das dazu, dass sie noch ein bisschen mehr Gas gab. Sie sah einfach toll aus, so, wie sie ihm jetzt gegenübersaß, nur noch mit einem großen Sonnenhut, ihrer Sonnenbrille und dem Bikinihöschen bekleidet und Ben war sich ziemlich sicher, dass er heute nicht nur paddeln würde. Jetzt musste aber mal ein Kompliment her, schließlich hatte sie ihm schon ordentlich was geboten.

»Deine Titten sind echt der Hammer, mein Schatz! Ich glaube, du kannst dir nicht vorstellen, wie geil du gerade aussiehst!« Das war selbstverständlich nicht nur ein Spruch, er liebte die prallen Titten seiner Freundin, und dass sie sich, seit sie hier vor zwei Wochen in Frankreich angekommen waren, farblich jeden Tag mehr von ihrem braun gebrannten Körper abhoben, machte ihn zusätzlich an. Er grinste und gleichzeitig spürte er, wie sein Schwanz hart wurde. »Das sieht echt versaut aus, wie du da sitzt«, schob er noch bewundernd hinterher.

Das schien bei Kati gut angekommen zu sein. Ohne ihn aus den Augen zu lassen, wechselte sie geschickt ihre Position und schaffte es trotz des wackeligen Untergrunds, sich hinzuknien. Sie beugte sich leicht vor und hielt ihm ihre schönen Titten einladend entgegen. »Dann fass doch mal an, jetzt wo sie endlich an der frischen Luft sind!« Sie stützte sich mit den Händen an den Seiten des Schlauchboots ab und beugte sich noch etwas weiter zu ihm hinüber. »Na komm schon, nicht so schüchtern, greif zu!« Sie wusste natürlich genau, dass er kein bisschen schüchtern war, aber es machte sie an, wenn er sich ein wenig von ihr dirigieren ließ. Und deshalb spielte Ben natürlich mit.

»Okay, wenn du meinst …« Er streckte seine Arme aus und schaffte es so gerade, ihre Brüste mit den Händen zu umschließen. Verdammt, das fühlte sich ziemlich geil an! Er drückte zu und genoss das Gefühl des warmen, festen Fleisches in seinen Händen, und auch Kati gefiel offensichtlich, was er tat, denn sie hatte die Augen geschlossen und bewegte sich nicht mehr. Ihre harten Nippel stachen von innen gegen seine Handflächen, was er gar nicht anders als eine Aufforderung verstehen konnte. Er nahm sie zwischen seine Finger, drehte ein bisschen und zog seine Freundin dann an ihren Nippeln vorsichtig näher zu sich. Sie folgte seinen Händen auf Knien rutschend, und als sie nah genug bei ihm war, ließ er die Nippel los und umschloss einen mit seinen Lippen. Sie stöhnten gleichzeitig auf, als er ungestüm zu saugen anfing. Jetzt hatte auch Ben die Augen geschlossen und außer Katis hartem Nippel in seinem Mund, nahm er nicht mehr viel wahr. Doch jäh wurde er aus seinen Träumen gerissen.

»Hey, ich glaube, du solltest so langsam mal wieder ans Rudern denken!« Der Nippel verschwand aus seinem Mund und als er etwas unwillig die Augen aufschlug, sah er nicht nur eine leicht errötete und sehr zufrieden dreinblickende Kati vor sich, sondern auch das Ufer in unmittelbarer Nähe. Sie waren kurz davor, auf Grund zu laufen und schnell griff er nach den Paddeln und bugsierte das Boot wieder in die Mitte des träge dahinfließenden Flusses.

Der Abschnitt der Cèze, auf dem sie sich gerade befanden, war ideal für ihr Schlauchboot; nicht zu wild, aber doch mit einer kleinen Strömung. Sie hatten bereits zwei tolle Wochen hier in Südfrankreich verbracht, doch für heute hatten sie sich etwas ganz Besonderes vorgenommen. Wie Ben herausgefunden hatte, gab es entlang der Cèze einen Abschnitt, an dem sich mehrere FKK-Campingplätze aneinanderreihten. Da sie beide keine Erfahrung mit FKK hatten, wollten sie ihr Schlauchboot ein Stückchen vor diesem für sie unbekannten Terrain ins Wasser lassen und dann gemächlich an den Plätzen vorbeipaddeln, um sich mal einen Eindruck von der Atmosphäre dort zu machen. Dass der letzte dieser Plätze – Le Ran du Chabrier – angeblich ein Swinger-Campingplatz war, machte die Sache umso interessanter. Sie würden die Strecke natürlich nur nackt befahren können, aber das war kein Problem. Im Gegenteil – sie freuten sich schon auf die neue Erfahrung. Ben wusste zwar noch nicht genau, ob er es schaffen würde, die ganze Zeit seiner unbekleideten Freundin gegenüber zu sitzen, ohne eine Latte zu bekommen, aber das würde er schon irgendwie hinkriegen. Und falls Kati ihn, so, wie er es erwartete, die ganze Zeit gezielt mit ihren Reizen verrückt machen würde, konnte er sich immer noch ein Handtuch über sein Rohr legen.

Sie hatten ihr Schlauchboot vor einer halben Stunde an einem belebten Strand zu Wasser gelassen, doch schon nach kurzer Zeit waren sie nur noch von der grandiosen Natur entlang der Cèze umgeben. Der Fluss war gesäumt von hohen Felsen und bewaldeten Abschnitten, und immer wieder paddelten sie auf dem glasklaren Wasser auch an einsamen kleinen Kiesel- oder Sandstränden vorbei. Jetzt näherten sie sich scheinbar dem ersten FKK-Platz, Domaine de la Sablière, denn in einiger Entfernung konnte man einen Strandabschnitt erkennen, an dem sich ein paar Menschen tummelten, und die waren eindeutig nackt. Schnell versuchte Ben, die geile Atmosphäre von gerade noch einmal aufleben zu lassen – wenn sie erst mal wieder unter Menschen waren, mussten sie sich schließlich zurückhalten.

»Hat dir eigentlich gefallen, wie ich gerade an deinen Nippeln gesaugt habe?« Das war natürlich eine rhetorische Frage, die nicht beantwortet werden musste. Aber das hatte Kati auch gar nicht vor, stattdessen griff sie an die Seiten ihres Bikinihöschens, und mit einer eleganten Bewegung zog sie es über die Hüften nach unten und ließ es neben das Oberteil fallen. Vollkommen ungeniert präsentierte sie ihm ihre glatt rasierte Pussy.

»Du bist ja verrückt! Du kannst dich hier doch nicht einfach komplett ausziehen, da vorn sind doch ganz viele Leute!«, stieß er aufgeregt hervor. Nervös sah er über die Schulter nach hinten, um zu schauen, wie weit sie noch von dem kleinen Strand entfernt waren.

»Na klar kann ich mich hier ausziehen«, konterte Kati, »ich muss sogar, denn da vorn beginnt der FKK-Teil. Wird Zeit, dass du auch mal die Hüllen fallen lässt, mein Lieber!«

Sie grinste ihn frech an und hatte sichtliche Freude daran, dass er jetzt, wo die Lage ernst wurde, doch nicht ganz so cool war, wie er vorher angekündigt hatte. Er machte jedenfalls keine Anstalten, seine Badehose auszuziehen, und das schien Kati noch ein bisschen mehr anzustacheln. »Sei doch nicht so ein Feigling, mein Schatz! Immer den harten Kerl markieren, aber wenn es drauf ankommt, wirst du gleich nervös! Also mir würde dein durchtrainierter Body auch ohne Hose gut gefallen, schließlich habe ich noch nie einem nackten Mann beim Rudern zugesehen.« Und um die ganze Situation noch auf die Spitze zu treiben, öffnete sie langsam ihre Beine, und als wäre es das Selbstverständlichste auf der Welt legte sie sie einfach rechts und links auf den Schlauchbootwänden ab.

Mit offenem Mund starrte Ben auf Katis Pussy. Nicht dass der Anblick neu für ihn war, aber gerade jetzt, wo sie sich langsam dem kleinen Strandabschnitt näherten, hatte er mit so viel Freizügigkeit nicht gerechnet, und er spürte, wie das Blut langsam und unaufhaltsam in seinen Schwanz strömte. Dennoch konnte er den Blick nicht von ihren leicht geöffneten, rosa Schamlippen und dem einladenden Glitzern in ihrem Inneren abwenden.

Kati kostete die Situation offenkundig aus, und es war nicht zu übersehen, welchen Spaß sie daran hatte, ihn ein bisschen aus der Fassung zu bringen. »Nun sei mal ein bisschen locker, meine Pussy will schließlich auch mal etwas Sonne sehen!«, erklärte sie ihm mit engelsgleicher Unschuldsmiene. »Außerdem inspiriert dich der Anblick ja vielleicht dazu, jetzt mal ein bisschen mehr Gas zu geben, und uns schnell wieder in etwas einsamere Gewässer zu rudern. Da traust du dich vielleicht auch, endlich blankzuziehen!« Sie grinste ihn an. »Oder meinst du, ich bin blind?« Ihre Augen fixierten die fette Ausbuchtung in seiner Hose.

Das wollte Ben natürlich nicht auf sich sitzen lassen. Schnell warf er noch einen Blick über die Schulter und schätzte ab, wie viel Zeit er noch hatte, bis sie die ersten FKKler erreichen würden. Okay, das würde er hinkriegen.

»Na gut, was soll's, du hast es so gewollt!« Und ohne weiteres Zögern hob er sein Becken an, schlüpfte aus der Badehose und präsentierte ihr sein Rohr. Schließlich wusste er nur zu genau, dass sie genauso auf ihn stand, wie er auf sie, und der Anblick seiner harten Latte sie definitiv erfreuen würde. Tatsächlich sah Kati ziemlich beeindruckt aus. »Meine kleine Show scheint dir ja gut gefallen zu haben«, bemerkte sie anerkennend, und jetzt war sie diejenige, die den Blick nicht abwenden konnte.

»Du weißt doch, wie sehr mich dein schöner Spalt anmacht, Süße. Das, was du jetzt siehst, hast du ganz allein zu verantworten.« Grinsend beugte er sich zu ihr. »Und wie ich sehe, geht es dir auch nicht anders als mir. Ich bin mir ziemlich sicher, dass du schon ganz nass vor lauter Geilheit bist, stimmt's?« Er streckte seinen Arm aus und strich mit seinem Zeigefinger von unten nach oben an ihren leicht geöffneten Schamlippen entlang. Ja, so hatte er es erwartet, seine Fingerkuppe glitt durch warme Feuchtigkeit, und es fühlte sich total versaut an. Er bewegte sich zielstrebig Richtung Kitzler und hatte sein Ziel fast erreicht, als er ihre Warnung erhielt. »Nimm mal ganz schnell die Finger da weg, sonst sitze ich gleich auf dir, oder hast du das Gefühl, ich wäre nicht geil genug für eine spontane Nummer?« Sie lächelte ihn an. »Und ich glaube, das möchtest du jetzt nicht«! Sie deutete mit dem Kinn hinter ihn, und jetzt sah er auch, dass sie dem kleinen Strand schon ziemlich nah gekommen waren; es trennten sie höchstens noch zwanzig Meter von den ersten Menschen. Schnell griff er nach einem Handtuch und zog es über seinen nach oben stehenden Schwanz. Mist, das wäre fast schief gegangen! Er konnte sich ziemlich gut vorstellen, dass eine Latte am FKK-Strand nicht besonders gut ankommen würde …

Auch Kati hatte wohl eingesehen, dass sie so nicht zwischen den Leuten durchpaddeln konnten, und hatte ihre Beine wieder von den Seitenwänden des Bootes heruntergenommen. Mit einem unschuldigen Lächeln im Gesicht saß sie ihm nun ganz züchtig gegenüber. O Mann, dass sie ihn aber auch immer so reizen musste!

Er griff nach den Paddeln und begann wieder zu rudern. Sie passierten den Strandabschnitt mit den nackten Menschen, und Ben musste feststellen, dass das Ganze eigentlich ziemlich unspektakulär war. Die Leute waren völlig entspannt, das Nacktsein war für sie eine Selbstverständlichkeit, das sah man ihnen an, und sie taten die gleichen Dinge, die man auch an einem normalen Strand tat: sonnen, lesen, sich unterhalten und im Fluss schwimmen.

Er lenkte das Boot in die Mitte des Stroms und schnell hatten sie den kleinen Strandabschnitt hinter sich gelassen. Niemand schien irgendetwas bemerkt zu haben, für alle war das Nacktsein so normal, dass ihnen das junge Pärchen in dem Schlauchboot nicht weiter aufgefallen war.

Kaum waren sie hinter der nächsten Flussbiegung verschwunden, hatte Kati ihre Beine wieder auf den Seitenwänden abgelegt. Jetzt waren sie allein, kein Mensch war mehr zu sehen, und Ben ließ es sich nicht nehmen, den verheißungsvollen Anblick, der sich ihm bot, zu genießen, während er das Schlauchboot mit kräftigen Zügen auf dem Fluss voranbrachte. Kati sah seine Blicke natürlich ganz genau. Sie streckte den Arm aus, griff nach dem Handtuch, das er über sich gelegt hatte, und zog es ganz langsam zu sich. Wie sie erwartet hatte, wurde sie mit dem Anblick einer schönen, harten Latte belohnt. Ein Lächeln huschte über ihr Gesicht und dann griff sie sich mit einer Hand zwischen die Beine und ließ einen Finger in ihrer Pussy verschwinden. »Oh«, stellte sie mit gespielter Überraschung fest, »irgendwie macht mich die Situation gerade wohl ziemlich an. Du präsentierst mir hier völlig ungeniert dein hartes Rohr, und das kommt dann dabei heraus!« Sie hielt ihm ihren feuchten Finger vor die Nase und blickte ihn vorwurfsvoll an, geradezu so, als erwarte sie eine Entschuldigung von ihm. »So geht das aber nicht weiter, sonst ist mein Handtuch gleich schon ganz nass! Du hast doch nichts dagegen, wenn ich mich mal umsetze, oder?« Und während sie den letzten Satz noch nicht ganz ausgesprochen hatte, drehte sie sich auch schon um, stützte sich mit den Unterarmen auf dem Schlauchbootrand ab und streckte ihm nun einladend ihr Hinterteil entgegen.

»Hey, was machst du denn da?« Ben versuchte empört zu klingen, aber das misslang ihm gründlich. Die unverhohlene Geilheit in seiner Stimme war nicht zu überhören. »Na warte, bis wir an Land sind, da wirst du mich kennenlernen, du kleines versautes Luder!« Statt ihm zu antworten, streckte Kati ihren Hintern noch etwas weiter in seine Richtung und begann, provozierend damit hin und her zu wackeln, was das Schlauchboot ordentlich zum Schaukeln brachte. Trotz der maximalen Ablenkung durch seine Freundin schaffte Ben es irgendwie, das Boot auf Kurs zu halten. Doch als Kati sich auch noch vorn über den Bootsrand bückte und ihm damit noch tiefere Einblicke gewährte, konnte er seine Klappe nicht mehr halten.

»Und du meinst ernsthaft, so kann ich mich noch auf das Rudern konzentrieren?«, wollte er grinsend von ihr wissen.

Kati reagierte genau wie von ihm erwartet und wackelte noch ein bisschen wilder mit ihrem Hinterteil hin und her. Gierig streckte er seine Hand nach ihrem runden Po aus und griff beherzt zu, knetete ihre Pobacken und sah sich dabei ausgiebig ihren geilen, rasierten Spalt an. Okay, wenn sie es unbedingt wollte, dann konnte sie es auch hier im Boot haben! Ben wollte gerade zu seiner Freundin krabbeln, als er Stimmen hinter sich hörte. Mist, sie näherten sich dem nächsten Campingplatz!

»Kati!« Schnell war er auf seinen Platz zurückgerutscht. »Da sind Leute!« Ohne besondere Eile richtete sich Kati wieder auf, setzte sich zurück an ihren Platz und zwinkerte Ben verschwörerisch zu. Der machte gerade ein etwas angespanntes Gesicht, aber als er das fröhliche Grinsen seiner Freundin sah, musste er lachen. »Wir haben ja ein super Timing heute, aber jetzt müssen wir mal ein bisschen vorsichtiger sein, das wird langsam stressig!« Und schon ruderten sie am nächsten Campingplatz vorbei. Im Hintergrund konnte man Zelte, Wohnwagen und Wohnmobile stehen sehen, und vorn am Fluss lagen die Menschen nackt in der Sonne, badeten im klaren Wasser oder standen am seichten Ufer und unterhielten sich. Genau wie auf dem ersten Campingplatz herrschte auch hier eine durch und durch entspannte Atmosphäre, und das vorbeiziehende Schlauchboot mit den beiden nackten, jungen Leuten darin, erregte keine Aufmerksamkeit.

Schnell hatten sie den Platz hinter sich gelassen. »So, das war Le Château de Fereyrolles«, klärte Ben Kati auf, »und jetzt kommt sofort La Genèse, es wäre also gut, wenn du einfach mal für ein paar Minuten auf deinem Platz sitzen bleiben würdest.« Ben wollte eindeutig weitere brisante Situationen vermeiden. Und als sie um die nächste Flussbiegung kamen, sah Kati, dass das eine gute Idee gewesen war.

La Genèse lag etwas erhöht und man konnte den eigentlichen

Campingplatz durch die zahlreichen Büsche und Bäume nur schemenhaft erkennen, aber auch hier tummelten sich einige nackte Menschen an dem campingplatzeigenen Strand und genossen die Sonne und das Wasser. Ben ruderte mit kräftigen Zügen vorwärts, für seinen Geschmack hatten sie genug von den FKK-Campingplätzen gesehen, und er sehnte sich nach einer einsamen Stelle, wo sie ihre aufgestaute Geilheit endlich ausleben konnten. Allerdings hatten sie das interessanteste Areal ihrer kleinen Flussfahrt noch vor sich, den Swinger-Campingplatz Le Ran du Chabrier.

Was sie sich genau unter einem Swinger-Campingplatz vorzustellen hatten, wussten sie beide nicht, aber sie hofften natürlich, vielleicht irgendetwas Aufregendes erspähen zu können. Bis jetzt war allerdings außer dichtem Gebüsch links und rechts des Flusses nichts zu sehen.

Langsam trieben sie mit der Strömung am Ufer entlang. »Und, Schatz, siehst du irgendwas?« Kati blickte sich suchend um und versuchte genau wie Ben, durch die dicht beieinanderstehenden Bäume und Büsche etwas zu erkennen, dass nach einem Campingplatz, oder besser noch nach irgendeiner versauten Überraschung aussah. Nichts!

»Ich glaube wir haben den Platz irgendwie verpasst, so ein Mist!«, ärgerte Ben sich, und auch Kati sah ein wenig enttäuscht aus. Ausgerechnet den interessantesten der FKK-Plätze hatten sie übersehen.

Als sie dann aber eine schöne, flache Stelle am Flussufer passierten, reagierte Ben sofort, ruderte kurz gegen den Strom und steuerte das Schlauchboot zum Ufer.

»Komm, Süße, ich habe gerade echt bessere Ideen, als den Rest des Nachmittags mit Suchen zu verbringen.«

Das war anscheinend ganz in Katis Sinn. »Na endlich, ich dachte schon, du merkst nie, was ich gerade ganz dringend brauche!« Und schon schnappte sie sich die mitgebrachte Picknickdecke und kletterte aus dem Schlauchboot.

Während Ben das Boot aus dem Wasser zog, sah Kati sich am Ufer nach einem geeigneten Plätzchen um. Schnell hatte sie sich entschieden und platzierte die Decke hinter mehreren halbhohen Büschen, sodass sie vom Fluss aus nicht mehr zu sehen war. Dass die Büsche außerdem noch einen angenehmen Schatten spendeten, machte den Platz perfekt für ihr Vorhaben. »Genau die richtige Stelle für uns!« Sie strahlte Ben an. »Was hältst du als Erstes von einer kleinen Abkühlung im Fluss, bevor wir es uns auf der Decke gemütlich machen?«

»O ja, das ist eine gute Idee, ich fühle mich gerade, als ob ich gleich einen Hitzschlag bekomme.« Ben sah geradezu erleichtert über ihren Vorschlag aus. Man konnte ihm die Anstrengung, die das lange Rudern in der prallen Sonne mit sich gebracht hatte, ansehen. Er drehte sich um und mit einem wohligen Seufzen ging er langsam Schritt für Schritt in den Fluss hinein. Für einen kurzen Moment erfreute sich Kati an der nackten Hinteransicht ihres Freundes, dann folgte sie ihm.

Die Cèze war hier nicht sehr tief, das glasklare Wasser reichte ihr nur bis kurz über den Bauchnabel. Sie ließ sich in den kühlen Fluss gleiten und machte ein paar Schwimmzüge. Ben war in die Hocke gegangen, nur sein Kopf schaute noch aus dem Wasser heraus. Er hatte die Augen geschlossen und genoss die herrliche Abkühlung sichtlich. Amüsiert sah Kati zu ihm hin. Sicherlich, er hatte bisher den anstrengenderen Part gehabt und hatte sich eine kleine Pause verdient, aber sie würde ihn schon wieder munter machen! Mit langsamen Zügen schwamm sie auf ihn zu, und als sie fast bei ihm angekommen war, stellte sie sich hin. Sofort schlug Ben die Augen auf. Die geilen Titten seiner Freundin schwebten direkt vor ihm und von den Nippeln perlte das klare Flusswasser ab. Augenblicklich war er wieder energiegeladen, stellte sich ebenfalls hin und umschlang Kati euphorisch mit seinen muskulösen Armen. »Du bist so geil, Süße, du machst mich völlig verrückt!« Eng umschlungen begannen sie zu knutschen, das Gefühl, ihre nackten Körper im kalten Wasser aneinanderzudrücken, war für beide neu, ungewohnt und erregend. Als Kati den steifen Schwanz ihres Freundes an ihrer Pussy spürte, griff sie nach seiner Hand und zog ihn zum Ufer. »Komm, ich glaubc, wir haben uns genug abgekühlt!« Wild knutschend ließen sie sich auf die Decke fallen. Endlich mussten sie sich nicht mehr zurückhalten, hier an diesem menschenleeren Flussufer waren sie absolut unbeobachtet und konnten sich gehen lassen.

Katis nasser, nackter Körper war von einer leichten Gänsehaut überzogen und sah einfach unwiderstehlich aus. Gierig beugte Ben sich über sie und umschloss mit seinen Lippen einen ihrer harten Nippel. Ein kurzes, aber intensives Saugen genügte, um ihn steif und lang nach oben stehen zu lassen. »Mach weiter, das fühlt sich geil an!« Ben beugte sich über den anderen Nippel und zufrieden stöhnend schloss Kati die Augen. Mit seiner Zunge umkreiste er die harte Spitze und saugte zwischendurch immer wieder daran, mal zärtlich, mal fester. Seine Finger strichen dabei sanft über die Konturen ihres Körpers, streichelten über ihren flachen Bauch, umkreisten ihre Hüftknochen, fuhren an ihren Leisten entlang und landeten schließlich auf ihrem Venushügel. Sofort gingen ihre Beine wie selbstverständlich auseinander, damit er leichtes Spiel hatte. Dieser kleinen Aufforderung konnte er natürlich nicht widerstehen, und schon wanderten seine Finger tiefer und berührten den feuchten Eingang ihrer so bereitwillig dargebotenen Möse. Katis Stöhnen wurde lauter, und ihr Unterleib drückte sich fordernd gegen seine Hand. O ja, davon hatte er schon den ganzen Tag geträumt, und er wollte sich gerade zwischen die weit gespreizten Beine seiner Freundin legen und endlich mit ihr vögeln, als er aus den Augenwinkeln eine Bewegung wahrnahm. Etwas irritiert hob er den Kopf und tatsächlich: Einige Meter von ihnen entfernt hatte sich ein braun gebrannter Typ mit schwarzen Haaren platziert und schaute in ihre Richtung.

Unfassbar, wo kam der denn plötzlich her? Ben traute seinen Augen kaum, als er zu allem Überfluss auch noch feststellte, dass der Typ allen Ernstes seine harte Latte in der Hand hielt und vollkommen ungeniert daran herumrieb, während er sie unverfroren beobachtete. Na, das hatte ihnen gerade noch gefehlt, ein Spanner in direkter Nähe, während sie rummachten!

»Mist, das gibt es doch gar nicht, ich glaube, wir können die Sache hier vergessen, wir sind nicht mehr allein!«, flüsterte er seiner Freundin ins Ohr, die immer noch stöhnte und scheinbar von dem Besucher noch überhaupt nichts mitbekommen hatte. Überrascht und leicht verwirrt hob Kati den Kopf und blickte in Richtung des Voyeurs. Sie sah ziemlich verblüfft aus, aber zu Bens Erstaunen schien es sie nicht besonders zu schocken, dass er da saß, denn sie blieb einfach so liegen wie vorher und sah sich den Fremden genau an.

»Gut aussehen tut er ja, wie lange sitzt der denn schon da?« Verdattert blickte Ben seine Freundin an, die den Blick immer noch nicht wieder von dem Voyeur abgewendet hatte. Okay, die Situation schien ihr ja nicht besonders unangenehm zu sein …

Er selbst war gerade zwar etwas aus dem Konzept gebracht, aber gleichzeitig spürte er, wie ihn der Gedanke, beim Sex beobachtet zu werden, irgendwie anmachte. Meine Güte, sie waren hier mitten im Nirgendwo und würden den Typen wahrscheinlich nie wiedersehen! »Sieht aus wie ein Franzose, keine Ahnung, seit wann der da schon sitzt, warum?«, flüsterte er also in Katis Ohr.

Kati ließ ihren Kopf wieder sinken und grinste Ben verschwörerisch an. »Der stört mich nicht, soll er sich doch einen runterholen, während du es mir hier richtig besorgst!«, raunte sie ihrem Freund entgegen. »Wir sind doch schließlich losgezogen, um ein bisschen was zu erleben, oder? Und außerdem habe ich gerade das Gefühl, dass er dich auch nicht besonders stört!« Mit festem Griff legte sie ihre Hand um Bens hartes Rohr. »Oder wie soll ich das hier interpretieren? Na los, mach einfach weiter, ist doch geil, wenn uns jemand beim Vögeln beobachtet!«

Das waren ja mal eine ganz neue Seite von Kati, aber eigentlich traf sie damit genau sein eigenes Empfinden. Den ganzen Tag hatten sie sich schon gegenseitig aufgegeilt, und das könnte jetzt vielleicht das Highlight ihres kleinen Abenteuers werden. Also los! Er tastete sich an ihren Schamlippen entlang, wo ihn schon eine warme, einladende Feuchtigkeit empfing. »Finger mich ein bisschen, das macht mich gerade echt an, dass der Typ zuschaut!«

Erst zögerte Ben noch etwas, doch das geile Stöhnen seiner Freundin ermunterte ihn, etwas offensiver ans Werk zu gehen. Sie reagierte augenblicklich und drückte ihre Möse seinen Fingern entgegen. Meine Güte, sie war total nass! Dass die Situation Kati so anmachen würde, hatte er nicht erwartet, und dass es so war, machte ihn selbst umso mehr an. Er hatte auch keine Chance mehr, das zu verbergen, sein steifer Schwanz sprach da eine eindeutige Sprache. Also machte er einfach weiter, ganz so, als wären sie hier inmitten der Natur völlig allein. Während er sich mit Lippen und Zunge ihren Nippeln widmete, umspielten seine Finger ihre immer mehr anschwellende Klit. Kati stöhnte und wand sich, und nach und nach verschob sie ihr Becken so, dass der Fremde einen besseren Einblick zwischen ihre Beine bekam. Ben ging nicht davon aus, dass das aus Zufall geschah. Okay, wenn sie es so wollte, würde er das Spiel mitspielen. Langsam zog er mit seinen Fingern Katis Schamlippen auseinander und blickte dabei in Richtung des Voyeurs. Der war inzwischen ein gutes Stück näher gerückt und beim Anblick von Katis nasser, weit geöffneter Pussy, keuchte er laut auf und begann, heftig seinen Schwanz zu wichsen. Er kniete jetzt auf seinem Handtuch und hatte die allerbeste Sicht auf Katis nasse rosige Möse und ihre angeschwollene Lustperle. Kati hatte sein Keuchen gehört, und neugierig hob sie zuerst den Kopf und stützte sich dann auf ihren Armen ab. Mit weit gespreizten Beinen schaute sie zu, wie der gut aussehende, wildfremde Mann sich sein knallhartes Rohr wichste, während er zwischen ihre gespreizten Beine starrte. Ben kannte seine Freundin gut genug, um zu sehen, dass sie die ganze Nummer unglaublich heiß fand, also ließ er seine Finger zwischendurch immer mal wieder in ihrem nassen Loch verschwinden und verteilte die Nässe dann rund um ihre Klit. Kati blickte ihrem Verehrer direkt in die Augen, als sie mit Ben zu sprechen begann.

»Ich will jetzt deinen Schwanz im Mund haben, Süßer! Und zwar genau so, in dieser Stellung, und der geile Franzose soll zuschauen, wie ich ihn dir blase, während du mich befummelst!«

O Mann, jetzt hatte sie wirklich alle Hemmungen fallen gelassen!

Mit leiser Stimme antwortete er. »Hey, damit machst du deinen Verehrer aber garantiert noch geiler, sieh dir mal sein hartes Rohr an, der sieht aus, als wenn er sich nicht mehr lange zurückhalten könnte!«

»Ich weiß, und ich kann dir sagen, das macht mich gerade richtig scharf. Der hat ja wirklich einen schönen Schwanz, echt geil! Komm schon!« Einer weiteren Aufforderung bedurfte es nicht. Ohne die Hand von ihrer Pussy zu nehmen, kniete sich

Ben neben Kati und schob seinen Schwanz so nah, wie es in dieser Haltung möglich war, in Richtung ihres Mundes. Der Typ ahnte scheinbar, was sie vorhatten, und sofort rutschte er noch ein Stückchen näher heran. Wenn er jetzt seine Hand ausstreckt, berühren seine Finger den nassen Spalt meiner Freundin, war Bens erster Gedanke, aber er ließ sich davon nicht beirren. Kati hob ihren Kopf noch etwas mehr an, und im nächsten Augenblick umschlossen ihre Lippen Bens Eichel, und sie fing an zu saugen. Um es ihr ein bisschen leichter zu machen, stützte er mit seiner freien Hand ihren Hinterkopf, was von Kati sofort mit intensivem Lutschen belohnt wurde. Bens Position mit einer Hand an Katis Möse und einer an ihrem Kopf war zwar etwas unbequem, aber Katis hingebungsvolles Blasen entschädigte ihn mehr als ausreichend dafür. Innerhalb kürzester Zeit hatte sie ihn knallhart gelutscht, und das Gefühl, abspritzen zu müssen, wurde immer stärker. Doch dann ließ Kati seinen dick angeschwollenen Schwanz wieder aus ihrem Mund gleiten und sah ihn an. »Was meinst du, soll er mich auch mal ein bisschen reiben, ich glaube, das würde dich doch anmachen, oder?«

Und ob ihn das anmachen würde! Er konnte sich gerade so ziemlich alles vorstellen, so sehr erregte ihn die ganze Situation. Kati war völlig enthemmt, so hatte er seine Freundin noch nie erlebt, und er fand es unfassbar geil!

»Wenn du mich weiter so megageil bläst, darf er fast alles mit dir anstellen!« Und schon gab er ihrem Voyeur mit einem unmissverständlichen Handzeichen zu verstehen, dass er auch mal anfassen dürfe. Das ließ der Typ sich natürlich nicht zweimal sagen. Mit einem erfreuten Lächeln im Gesicht rutschte er ganz nah an sie heran. Vorsichtig schob er erst einen Finger in Katis nasse Möse und verrieb dann den Saft zwischen ihren Schamlippen. Dabei beobachtete er genau, wie es bei Kati ankam, was er tat, aber ihre Reaktion räumte wohl jeden Zweifel aus. Sie hatte die Augen geschlossen und stöhnte leise vor sich hin, während er mit seinen Fingern ihre Pussy erkundete. Dann tastete sie nach Bens Schwanz, der ihr willig entgegenkam und ließ ihn wieder zwischen ihren Lippen verschwinden. Der Typ schien ein wahrer Fingerkünstler zu sein, denn so richtig konnte Kati sich nicht mehr aufs Blasen konzentrieren. Immer wieder hielt sie inne und stöhnte nur leise, ohne sich zu bewegen. Aber allein der Anblick seiner so in Ekstase versetzten Freundin reichte für Ben aus, um seinen Schwanz dauersteif zu halten. Und auch der Fremde machte aus seiner Geilheit keinen Hehl; während er Kati nach allen Regeln der Kunst befingerte, wichste er seinen eigenen Schwanz ungeniert weiter.

Doch plötzlich zog er seine Hand von Kati zurück. Was war denn jetzt los? Fragend blickte Kati ihn an. Er deutete zuerst auf seinen Mund und anschließend auf ihre Pussy. Ah, er wollte sie lecken! Ein kurzer Blick zwischen Kati und Ben genügte, dann nickten ihm beide zustimmend zu.

Kati lehnte sich zurück in eine bequeme Position und flüsterte Ben zu: »Tut mir leid, Schatz, aber wenn unser schöner Fremder genauso geil leckt, wie er mich gefingert hat, dann kommst du jetzt für ein paar Augenblicke zu kurz. Ich möchte das richtig genießen!«

Wie sie erwartet hatte, nahm Ben das locker. »Kein Problem, meine Süße, ich finde es megageil, was wir hier gerade machen!« Jetzt war er derjenige, der seinen Schwanz in der Hand hatte und zusah, was die beiden anderen trieben. Es dauerte nur ein paar Sekunden, bis klar war, dass der Unbekannte auch beim Lecken kein Anfänger war. Kati keuchte und stöhnte, schob ihm ihr Becken entgegen und krallte ihre Finger in die Picknickdecke. Ben kannte sie gut genug, um zu wissen, dass sie sich kurz vor einem Orgasmus befand. Als der Typ dann auch noch seine Hände auf ihre Brüste legte und sanft an ihren Nippeln zu reiben begann, war es so weit. Ihr Körper bebte unter den Wellen des Orgasmus, und sie presste beide Hände auf den Mund, um ihre Schreie zu dämpfen. Der Fremde leckte dabei einfach weiter, hielt ihren Unterkörper fest, entließ sie nicht aus seinem Griff, leckte mal langsamer und mal schneller und verschaffte ihr so mit seiner Zunge einen unglaublich lang anhaltenden Höhepunkt, der gar nicht mehr abebben wollte. Erst als sie sich nicht mehr ganz so heftig unter seinen Händen wand, lockerte sich sein Griff und er hob seinen Kopf.

Mit einem seligen Lächeln im Gesicht lag Kati völlig entspannt auf dem Handtuch und ließ den Super-Orgasmus nachwirken. Sie fühlte sich gerade wie im siebten Himmel und nahm nichts außer dem leisen Rauschen des Flusses und dem Zwitschern der Vögel wahr. Doch dann schlug sie die Augen auf und blickte nach oben. Zwei erwartungsvoll dreinblickende Augenpaare schauten sie an. Okay, jetzt galt es noch, die beiden Männer zu befriedigen, das war klar, und allein der Gedanke daran, ließ ihren Lustpegel unverzüglich wieder ansteigen.

Noch während sie aus ihrer liegenden Position hochkam, formierte sich in ihrem Kopf schon die Vorstellung, wie es weitergehen würde. Sie stellte sich auf alle viere, wackelte ein paar Mal auffordernd mit ihrem prallen Po in Bens Richtung und schon war er hinter ihr. Ohne zu zögern, versenkte er sein hartes Rohr in ihrer nassen Möse. Er wusste nicht, was Kati mit dem Fremden vorhatte, deshalb hielt er sich noch ein bisschen zurück und fickte sie abwartend mit langsamen Stößen von hinten. Kati gab dem Franzosen ein Zeichen und er stand auf. Dann hob sie ihren Oberkörper an und flüsterte Ben zu: »Halt mich fest.« Der verstand sofort, was sie vorhatte, und hielt sie an den Schultern, damit sie ihre schönen Titten präsentieren konnte, während er sie von hinten vögelte. Lächelnd nahm der Franzose das Angebot an, trat näher an Kati heran und begann wieder zu wichsen. Mit seiner freien Hand fuhr er dabei immer wieder über Katis zusammengezogene, harte Nippel. Ben erhöhte jetzt sein Ficktempo, die ganze Situation war unglaublich geil für ihn, und sein Sperma, das er schon seit Stunden zurückhielt, drängte unaufhaltsam Richtung Ausgang. Kati musste nichts mehr machen, beide Männer waren so aufgegeilt, dass sie den Dingen einfach ihren freien Lauf lassen konnte.

Der Franzose kam zuerst. Er trat noch ein bisschen näher an sie heran, rieb seine Latte noch schneller als vorher und begann, heftig zu keuchen. Dann schoss ein heißer Spermastrahl aus seinem Schwanz und landete mit einem Klatschen auf ihren Titten. Das war der Auslöser für Ben. Sein Schwanz fühlte sich an, als würde er explodieren, und während der Franzose Katis Titten mit Unmengen von seinem Sperma verzierte, drückte er sich, so tief es ging, in seine Freundin und spritzte ab. Es fühlte sich unglaublich an, fast so als würde sein ganzer Saft aus ihm herausgesaugt werden, so heftig kam er. Beide Männer keuchten und stöhnten, während Kati den unfassbar geilen Moment, von zwei Männern vollgespritzt zu werden, in vollen Zügen genoss.

Schließlich zogen sich beide von ihr zurück und Kati ließ sich erschöpft auf das Handtuch sinken.

Erst mal sagte keiner etwas, dann fing der Franzose an zu sprechen. »Wow, das war geil! Seid ihr neu auf Le Ran du Chabrier? Ich habe euch hier noch nie gesehen.« Völlig perplex starrten Kati und Ben den Mann an. »Wie, du bist gar kein Franzose?« Ben hatte sich zuerst wieder gefangen.

Der Unbekannte grinste sie an. »Nein, bin ich nicht. Ich

heiße Marko, das ist wohl eher typisch deutsch. Ich wollte euch aber nicht aus dem Konzept bringen, ich habe ja gemerkt, dass ihr mich für einen Franzosen gehalten habt. Sorry, ich dachte mir, manchmal ist es besser, einfach die Klappe zu halten.«

Jetzt mussten sie alle drei lachen. »Ja, ich glaube, das war genau richtig so, wie du es gemacht hast«, stimmte Kati ihm zu. »Aber erzähl mal, kennst du Le Ran du Chabrier? Wir haben den Platz nämlich gesucht, konnten aber nichts finden und haben eigentlich nur deshalb ein kleines Päuschen hier gemacht.« Sie zwinkerte ihm zu.

»Na klar, ich verbringe gerade meinen Urlaub dort. Der Platz liegt genau gegenüber.« Er deutete auf die andere Seite des Flusses, wo allerdings nur Büsche und Bäume zu sehen waren. »Man kann nichts sehen, das ist absichtlich so. Was auf dem Platz abgeht, geht nämlich niemanden etwas an.« Jetzt zwinkerte er in die Runde. »Aber wenn es euch wirklich interessiert, habe ich einen Vorschlag für euch. Heute Abend startet hier die ›Weiße Party‹. Gäste von außerhalb sind bei den Partys auf Le Ran du Chabrier immer willkommen. Wenn ihr wollt, melde ich euch an und hole euch heute Abend um neun Uhr am Eingang ab. Zieht euch einfach sexy aussehende weiße Sachen an, und ihr seid dabei!«

Das waren ja mal ganz unerwartete Aussichten! Ben und Kati grinsten sich an. »Das machen wir auf jeden Fall, was für eine super Idee!« Ben strahlte in die Runde. »Aber jetzt brauche ich erst mal 'ne Abkühlung!«

Und schon rannten alle drei los Richtung Cèze und sprangen in den kühlen, klaren Fluss.

Heiss auf den PoolBoy

Mit einem prüfenden Blick betrachtete Carmen ihr Spiegelbild noch einmal, schob das kleine Stück Stoff, das ihre Brüste bedeckte, ein wenig weiter nach außen und nickte sich dann mit einem zufriedenen Lächeln zu. Wenn man schon über so schöne, große Brüste verfügte wie sie, dann sollte man die auch ruhig mal zeigen, davon war sie überzeugt, schließlich hatte sich das noch jedes Mal als Vorteil herausgestellt. Der Bikini, den sie trug, war sowieso nichts anderes als eine sexuelle Provokation. Er war nicht nur eindeutig zu klein für ihre üppigen Kurven, nein, sie hatte sich auch noch für die Farbe Weiß entschieden, wohl wissend, dass sich sowohl ihre Nippel als auch ihr rasierter Spalt durch den feinen Stoff abzeichneten. Bei dem Gedanken, wie versaut es aussehen würde, wenn sie mit dem heißen Teil aus dem Wasser stieg, musste sie noch einmal lächeln. Sie freute sich schon jetzt auf die Reaktionen.

Jetzt drehte sie sich leicht vor dem Spiegel und betrachtete ihren Arsch. Auch hier war der Bikini ein Volltreffer. Der Stoff bedeckte ihre prallen, runden Pobacken nur etwa zur Hälfte, und er würde sich garantiert noch weiter Richtung Ritze schieben, je mehr sie sich bewegte. Ja, das Ding sah einfach geil aus, und es machte sowohl ihre Brüste als auch ihren Hintern zu einem unverschämt heißen Blickfang. Außerdem machte sich langsam bezahlt, dass sie bereits in der letzten Woche in jeder freien Minute die herrliche Sommersonne genutzt hatte und ihre Haut inzwischen schon schön gebräunt war. Zum Weiß des Bikinis sah das wirklich super aus. Heute würde sie sich zwar nicht wie sonst oft nackt in die Sonne legen, aber sie war sich sicher, dass die kleinen Stoffstücke, die sie trug, den Reiz für ihren Zuschauer eher noch erhöhen würden.

Falls sie jemals Hemmungen gehabt hatte, sich so zu präsentieren, hatte sie diese Phase schon lange hinter sich gelassen. Sie war jetzt vierundvierzig und mit ihrem Körper komplett im Reinen. Da passte es sehr gut, dass ihr Mann ihr jegliche sexuelle Freiheiten gewährte und sie in nichts einschränkte.

Sie hatten irgendwann festgestellt, dass der starke sexuelle Reiz, den sie anfangs aufeinander ausgeübt hatten, verloren gegangen war. Das lag bestimmt auch an dem nicht unerheblichen Altersunterschied zwischen ihnen. Paul war sechzehn Jahre älter als sie und hatte in diesem Jahr die sechzig überschritten. Irgendwann hatte er zugeben müssen, dass sein sexueller Appetit mit der unstillbaren Lust und der unbändigen Energie seiner Frau nicht mehr Schritt halten konnte. Diese Erkenntnis hatte bei Carmen zuerst leichte Panik ausgelöst, denn ihr Verlangen nach Sex hatte noch um keinen Deut nachgelassen, ganz im Gegenteil, sie hatte eher das Gefühl, immer unersättlicher zu werden. Zum Glück hatte Paul sich in dieser Hinsicht als ganz pragmatisch erwiesen. Zu ihrer Überraschung hatte er tatsächlich sogar die perfekte Lösung für sie beide schon im Kopf gehabt. Der Vorschlag, den er ihr unterbreitet hatte, war im Grunde genommen für sie ein Freifahrtschein in Sachen Sex. Er erlaubte ihr zu ficken, mit wem auch immer sie wollte, und es gab nur eine einzige Bedingung dafür: Ab und zu wollte er als Zuschauer dabei sein. Denn das war das Einzige, was ihn selbst noch richtig auf Touren brachte und verlässlich dafür sorgte, dass er ebenfalls Lust bekam, seine Frau zu ficken. Das war ein ungewöhnliches Arrangement, das auch mal den einen oder anderen potenziellen Lover abschreckte, aber sie wusste nur zu genau, wie unglaublich schwanzgesteuert die meisten Männer waren und dass viele das deshalb durchaus in Kauf nahmen.

Aus diesem Grund kam es ihr auch mehr als gelegen, dass der Mann, den Paul in diesem Sommer für die Gartenarbeit angestellt hatte, so ein Sahnestückchen war. Er erschien zwei bis dreimal in der Woche, mähte den Rasen, beschnitt die Bäume und Büsche, jätete das Unkraut, reinigte den Pool und stutzte die mächtige Hecke, die ihr Grundstück vor unerwünschten Blicken schützte. Eigentlich war »Mann« nicht die richtige Bezeichnung für ihn. Marcio war Student, gerade zwanzig geworden, und in Carmens Augen vielmehr ein großer, sehr attraktiver Junge.

Paul war großzügig bei der Bezahlung, und Marcio konnte das Geld, das er mit der Gartenarbeit verdiente, gut gebrauchen und kam gern mehrmals in der Woche zu ihnen.

An Bewerbern für den Job hatte es bei der guten Bezahlung nicht gemangelt und Carmen und Paul hatten jeden einzelnen Kandidaten gemeinsam persönlich in Augenschein genommen. Marcio war der dritte Anwärter gewesen, er war höflich, sympathisch und gepflegt und kannte sich gut mit den anfallenden Arbeiten aus. Die interessierten Blicke seiner Frau waren Paul natürlich nicht entgangen, aber es hatte ihn nicht gestört, und die Entscheidung war schnell gefallen.

Carmens Faible für große, durchtrainierte dunkelhaarige Typen wurde Marcio mehr als gerecht. Ob er ihre Blicke beim Vorstellungsgespräch bemerkt hatte, wusste sie nicht, nach außen hin war er cool geblieben und hatte sich nichts anmerken lassen, was ihre Jagdlust noch ein bisschen befeuert hatte.

Nur eine Woche später hatte Marcio seine Stelle angetreten. Sowohl Paul als auch Carmen waren mit seiner Arbeit von Beginn an sehr zufrieden gewesen, wobei es Paul mehr um die professionelle Pflege seines Gartens ging, während Carmen ganz andere Prioritäten setzte. Wie der Garten aussah, war ihr ziemlich egal, aber dass Marcio fast immer mit freiem Oberkörper arbeitete, seit in der letzten Woche endlich der Sommer mit viel Sonne und Temperaturen um 30 Grad Einzug gehalten hatte, natürlich nicht. Sie konnte die Augen kaum von seinem durchtrainierten, athletischen Body lassen, und allein der Anblick genügte, um sie richtig scharfzumachen. Seit er die Arbeit bei ihnen angetreten hatte, versorgte sie ihn immer wieder persönlich mit gut gekühlten Erfrischungsgetränken, die er bei der sommerlichen Hitze selbstverständlich benötigte. Die Outfits, die sie trug, wenn er in ihrem Garten arbeitete, hatte sie natürlich den fast schon tropischen Temperaturen angepasst. Meistens hatte sie – in Form von verschiedenen Sommerkleidern – einen Hauch von Nichts an, und um ihrem Poolboy noch mehr einzuheizen und ihn etwas aus der Reserve zu locken, verzichtete sie ab und zu auch auf für sie eh überflüssige Unterwäsche. Marcio reagierte auf diese erschwerten Arbeitsbedingungen genau so, wie sie es erwartet hatte, und ließ sich immer wieder von seiner eigentlichen Arbeit ablenken. Dass in solchen Momenten sein Schwanz die Kontrolle über sein Gehirn übernahm, war nicht zu übersehen. Seine Latte zeichnete sich dann deutlich durch seine dünne Leinenhose ab, und diese Tatsache brachte Carmen jedes Mal so richtig in Stimmung. Es machte ihr Spaß, seine Reaktionen zu sehen, aber sie beließ es zunächst bei dieser kleinen Spielerei, schließlich gehörte es ja dazu, erst mal etwas Spannung aufzubauen.

Heute sollte sich das allerdings ändern, es war an der Zeit, andere Seiten aufzuziehen. Ab sofort würde sie deutlich offensiver bei ihrem Poolboy zu Werke gehen, und die Vorfreude darauf konnte sie schon äußerst eindrucksvoll zwischen ihren Beinen spüren.

Sie warf einen letzten, zufriedenen Blick auf ihr Spiegelbild, dann verließ sie das Schlafzimmer, ging die Treppe hinab und trat durch die große Terrassentür in den Garten. Als sie sich gerade in das angenehm temperierte Wasser des Pools gleiten ließ, klingelte es.

Paul öffnete die Haustür, und sie konnte hören, wie er Marcio begrüßte. Wie immer gab er ihrem Gärtner zunächst ein paar Anweisungen zu den Dingen, die heute erledigt werden sollten. Dann würde er ihn in den Garten schicken und sich dann diskret in die obere Etage zurückzuziehen. Paul hatte ein Gespür für Carmens Stimmungen, und er wusste genau, von wo er den besten Blick auf das zu erwartende Schauspiel haben würde.

Carmens Timing war perfekt. Genau in dem Moment, als Marcio den Garten betrat, erreichte sie schwimmend die Treppe des Pools und entstieg mit einem lasziven Hüftschwung dem Wasser. Jetzt war sie ganz in ihrem Element, und ein Lächeln huschte über ihr Gesicht. Eins war nämlich sicher, der Typ, der bei ihrem Anblick in dem kleinen weißen Bikini nicht heiß werden würde, der war definitiv noch nicht geboren worden.

»Oh, hallo Marcio, da bist du ja, pünktlich wie immer!«, begrüßte sie ihren Gärtner und ging ihm entgegen. Als sie nur noch zwei Schritte von ihm entfernt war, blieb sie stehen. Von hier aus konnte sie sein Aftershave riechen, ein angenehmer Geruch, der sich gleich, wenn Marcio ein Weilchen gearbeitet hatte, mit einem anderen, mindestens ebenso so angenehmen Duft mischen würde. Sie liebte den herben Geruch von frischem Schweiß, insbesondere wenn er von jungen Männern kam. Und eine sanfte Berührung der schweißnassen Haut reichte aus, um ihre Sinne in höchste Erregung zu versetzen. Noch eine Spur mehr turnten sie gerade allerdings Marcios geradezu unverschämte Blicke an, mit denen er ihren Körper abscannte. Er gab sich nicht die geringste Mühe, sich irgendwie diskret zu verhalten, sondern musterte sie unverhohlen geil. Er schien genau zu wissen, worauf sie es anlegte, und das brachte ihn offensichtlich keineswegs aus der Fassung.

»Hallo, Frau Siegel, schön Sie zu sehen! Ich hoffe, ich störe Sie nicht beim Sonnen, wenn ich gleich mit der Arbeit beginne. Wenn Sie es wünschen, beschäftige ich mich zuerst mit der

Hecke und gieße die Beete im hinteren Teil, dann werden Sie mich kaum bemerken! So haben Sie Ihre Ruhe und können ganz entspannt in der Sonne liegen!« Seine Stimme klang, als wenn es gerade überhaupt nichts Besonderes zu sehen gäbe und sie sich ganz normal unterhalten würden. Am liebsten hätte Carmen ihm direkt angeboten, sich zuerst mal mit ihren Titten zu beschäftigen und dann ihre extrem unterversorgte Pussy zu bewässern anstatt der blöden Beete. Aber genau wie er beherrschte sie das Spiel natürlich perfekt.

»Ja, das wäre wirklich nett, Marcio!«, antwortete sie ihm also. »Ist zwar ein bisschen blöd für dich, dass du hier schuften musst, während ich ein Päuschen mache, aber so ist das Leben eben manchmal!« Sie trat noch ein kleines bisschen näher an ihn heran. »Wenn du möchtest, bereite ich dir aber ein leckeres Erfrischungsgetränk zu, damit lässt sich die Hitze doch deutlich besser ertragen!«

Er wich keinen Millimeter zurück. »Danke, sehr gern Frau Siegel, wenn es Ihnen keine Umstände macht!«

»Ach was, ich bin gleich wieder da!« Sie zwinkerte ihm einmal kurz zu, dann drehte sie sich um und ging hüftschwingend auf das Haus zu. Sie konnte sich lebhaft vorstellen, wie er gerade auf ihren Arsch in dem äußerst knappen und jetzt auch noch ziemlich durchsichtigen Bikinihöschen starrte. Sie lächelte zufrieden. Das war schon mal ein äußerst vielversprechender Anfang gewesen, und sie freute sich schon auf die Fortsetzung. Ihre Auftritte in der letzten Woche hatten ohne Zweifel bereits einen gewissen Eindruck bei ihm hinterlassen, und obwohl er hier eine äußerst coole Nummer abzog, ging sie davon aus, dass er genau wusste, wie hier die Rollenverteilung war.

***

Als Carmen mit zwei Gläsern in der Hand wieder aus der Tür trat, hatte Marcio schon den Gartenschlauch aus der Garage geholt und bewässerte die Beete. Sein T-Shirt lag über einem Gartenstuhl, und sein muskulöser Oberkörper glänzte in der Sonne. Der Junge wusste wirklich, wie es ging, das musste Carmen ihm lassen. Als sie mit wippenden Titten auf ihn zukam, drehte er sich zu ihr um und grinste sie an. Den Schlauch hielt er dabei ganz lässig in einer Hand und ließ das Wasser einfach auf den Rasen laufen. Verdammt, das sah unverschämt sexy aus, und es löste natürlich sofort ein paar ganz bestimmte Assoziationen bei Carmen aus. Sie spürte, wie ihre Nippel sich zusammenzogen, und an Marcios Blick konnte sie sehen, dass er es ebenfalls gesehen hatte.

Sie ließ sich selbstverständlich nichts anmerken, aber um ihn noch ein wenig mehr zu reizen, drückte sie ihre Titten mit ihren Oberarmen ein bisschen zusammen, während sie ihm sein Glas reichte. Die Eiswürfel klirrten. »Hier bitte, du siehst so aus, als könntest du eine kleine Erfrischung gut gebrauchen.« Jetzt konnte er seinen Blick natürlich nicht mehr von ihr abwenden, und um ein Haar hätte er das Getränk fallen lassen, da er nicht richtig zugegriffen hatte. Lachend griff sie ebenfalls nach dem Glas und rettete es vor dem Absturz.

»Hoppla, das wäre ja fast schiefgegangen!« Ihre Finger berührten sich. »Du musst dich besser konzentrieren, wir wollen hier ja keine Scherben im Garten haben.«

»Entschuldigen Sie, Frau Siegel, ich weiß gar nicht, wie mir das passieren konnte.« Jetzt war er doch tatsächlich leicht errötet.

»Schon gut, das ist doch kein Problem. Jetzt will ich dich aber nicht weiter von der Arbeit abhalten, du weißt ja, wo du mich findest!« Und mit diesen Worten ging sie zu ihrer am Pool platzierten Sonnenliege und ließ ihn – in einer Hand das Glas und in der anderen den Wasserschlauch – einfach stehen.

Während der nächsten dreißig Minuten beobachtete sie Marcio durch ihre verspiegelte Sonnenbrille bei seiner schweißtreibenden Arbeit und wartete auf den richtigen Moment. Als er mit dem Gießen der Beete fertig war und den Schlauch zurückbringen wollte, schien der gekommen. Der Weg zur Garage führte direkt an ihrer Sonnenliege vorbei, und kurz bevor er sie erreicht hatte, zündete sie die nächste Stufe der Provokation. Sie erhob sich und stieg aufreizend langsam die Treppe des Pools hinab ins kühlende Wasser. Ah, das tat wirklich gut bei der Hitze! Sie tauchte einmal ganz unter, schwamm ein paar Züge und strich sich beim Auftauchen die Haare aus dem Gesicht. Als sie die Augen wieder öffnete und den Blick hob, sah sie direkt in Marcios Gesicht. Welch ein Zufall, er schien gerade in diesem Moment irgendetwas Wichtiges am Pool zu tun zu haben, denn er stand nur zwei Meter von ihr entfernt am Rand des Beckens und starrte sie von oben an.

»Ach, wenn du zufällig gerade da stehst, würdest du mir wohl bitte mein Getränk anreichen, Marcio?«

Jetzt schien er sich wieder gefangen zu haben, denn er reagierte sofort. »Na klar, Frau Siegel, gern!« Er griff nach ihrem Glas, kniete sich an den Rand des Pools und reichte es ihr. Mit einem leisen Sauggeräusch trank Carmen einen Schluck durch den Strohhalm und schaute ihm dabei unverwandt in die Augen. Jetzt waren ihre Gesichter nur noch dreißig Zentimeter voneinander entfernt.

»Weißt du eigentlich, was eine Milf ist, Marcio?«

Seine Gesichtsfarbe veränderte sich nicht, aber sie konnte ein leichtes Zucken in seinem rechten Auge sehen.

»Nein, Frau Siegel, das weiß ich nicht. Aber vielleicht können Sie es mir ja erklären?«

Er log doch tatsächlich, ohne rot zu werden. »Vielleicht mache ich das später. Ich denke, jetzt hast du erst mal Lust auf eine kleine Abkühlung, so verschwitzt, wie du bist. Oder liege ich da falsch?«

»Ich weiß nicht, Frau Siegel, ich glaube nicht, dass es Ihrem Mann gefällt, wenn ich so verschwitzt in seinen Pool steige.«

Ah, das Bürschchen hatte sich tatsächlich noch ein bisschen Restverstand bewahrt.

»Darüber mach dir mal keine Gedanken. Mein Mann macht jetzt gerade seinen Mittagsschlaf, und er wird nichts davon mitbekommen. Und ich finde, dass du dir eine Pause verdient hast …«

Ihre Gesichter waren jetzt nur noch zehn Zentimeter voneinander entfernt. Carmen schloss die Augen, und nur eine Sekunde später fühlte sie seine Lippen auf ihren.

»Ich habe aber keine Badehose dabei.« Er flüsterte die Worte, während er seine Lippen immer wieder auf ihre legte.

»Dann musst du wohl nackt zu mir in den Pool kommen …«

Jetzt löste sie sich von ihm und trat einen Schritt zurück. Langsam öffnete sie ihr Bikinioberteil und legte es am Beckenrand ab. Ihre großen Titten lagen auf der Wasseroberfläche und bewegten sich sanft im Wasser hin und her.

»Okay, Frau Siegel, wenn es Sie nicht stört, dann kann ich das wohl machen.« Ziemlich ungeniert stieg er aus seiner Hose und endlich bekam Carmen zu sehen, wovon sie schon die ganze Woche geträumt hatte. Und das Beste daran war, dass es tatsächlich noch ein bisschen eindrucksvoller war, als sie zu hoffen gewagt hatte. Sein Prengel stand steif und prall nach vorn ab und man konnte ihm ansehen, dass er zu allen Schandtaten bereit war. Ohne zu zögern, ließ er sich zu ihr in den Pool gleiten und stellte sich vor sie. Sie legte ein Bein um seine Hüfte und zog ihn zu sich. »Es gefällt mir, wie du mir hier den Unschuldigen vorspielst.«

Seine Lippen berührten wieder ihren Mund, eine Hand lag auf ihren prallen Arschbacken, und mit der anderen hatte er angefangen, ihre Brüste zu kneten.

»Aber Frau Siegel, ich spiele Ihnen doch nichts vor! Oder glauben Sie ernsthaft, ich hatte schon mal was mit einer Frau mit Ihrem Aussehen und Ihrer Erfahrung?«

Dazu sagte Carmen jetzt lieber nichts, im Grunde war es ihr auch egal. Es reichte ihr vollkommen, dass er so aufgeregt war, dass er das leichte Zittern seiner Hände nicht ganz vor ihr verbergen konnte.

Sein harter Schwanz drückte gegen ihre Pussy, und die Vorstellung, wie es sich anfühlen würde, wenn er in sie eindrang, löste ein wildes Pochen in ihrer Klit aus. Jetzt küssten sie sich richtig, und Marcio ließ auch seine zweite Hand zu ihrem Hintern gleiten. Wild und hemmungslos griff er zu. »Sie haben einen unverschämt geilen Arsch, Frau Siegel«, flüsterte er, und während sie leidenschaftlich knutschten, schob er ihr Bikinihöschen immer weiter nach unten. Carmen half ein wenig nach, damit es etwas schneller ging, schließlich verfolgten sie ja ein gemeinsames Ziel. Als das lästige Ding endlich im Wasser trieb, umfasste Marcio ihr Becken und hob sie hoch. Sofort schlang sie ihre Beine um seine Hüften, doch bevor sie ihm erlaubte, in sie einzudringen, umfasste sie sein dickes Rohr erst mal mit ihrer Hand. Der Schwanz strotzte nur so vor jugendlicher Kraft, er war dick und hart, und er fühlte sich unfassbar geil an.

»Hast du etwa Lust mich zu ficken?« Sie sah ihm direkt in die Augen. »Glaubst du, das gehört auch zu deinen Aufgaben?«

Ganz kurz wirkte er verunsichert, aber dann hatte er sich wieder gefangen. »Ich ficke Sie natürlich nur, wenn Sie es ausdrücklich wünschen, Frau Siegel. Und natürlich genau so, wie Sie es gern möchten. Sie sind hier der Boss, das ist ja klar!«

Sie führte seine Eichel an den Eingang ihrer Pussy. »Ja, so sehe ich das auch, dann sind wir uns ja einig.«

Jetzt hatte sie seinen Schwanz losgelassen, und langsam glitt das harte Teil in sie. »Na los, fick mich!«, forderte sie ihn auf, und das ließ er sich nicht zweimal sagen. Er drückte sie gegen den Beckenrand, sie schlang ihre Arme um seinen Nacken, und dann legte er los. Mit harten, kräftigen Stößen stieß er seinen Schwanz immer wieder bis zum Ansatz in ihre Pussy, und er schien keine Pause zu brauchen. So hart war Carmen schon lange nicht mehr durchgevögelt worden, das würde ihr sicherlich ein paar blaue Flecke einbringen, aber sie genoss Marcios ungestüme, jugendliche Kraft in vollen Zügen. Er zeigte keinerlei Ermüdungserscheinungen, und die Art, wie er fasziniert auf ihre wippenden Titten starrte, während er sie fickte, machte sie unglaublich an. Er hatte jetzt jede Zurückhaltung abgelegt, und sein anfangs leises Stöhnen wurde deutlich lauter. So langsam würde sie eingreifen müssen, sonst würde der schöne Nachmittag viel zu schnell vorbei sein, das war Carmen klar. Mit einem eisernen Griff schlang sie die Beine fester um ihn, sodass er keine Chance mehr hatte weiterzuzustoßen.

»Ganz ruhig, Süßer, ich habe noch mehr mit dir vor!«

Keuchend hielt er inne und sah sie mit leicht überraschtem Gesichtsausdruck an. »Sie haben noch mehr mit mir vor, Frau Siegel? Oh …« Seine Hände wanderten schon wieder an ihrem Körper entlang und als sie bei ihren zusammengezogenen Nippeln angekommen waren, bog sie ihren Körper nach hinten. Marcio verstand ihre Aufforderung sofort. Sein Gesicht glitt nach unten, und er fing an, an einem Nippel zu saugen, während er den anderen zwischen seinen Fingern drehte. Dabei saß sie immer noch auf seinem steifen Schwanz, aber er bewegte sich jetzt nicht mehr in ihr.

Was für ein Gefühl, auf einer megaharten Latte zu sitzen und gleichzeitig so an den Nippeln bearbeitet zu werden! Carmen stöhnte laut und ungehemmt, und obwohl Marcio das Ficken komplett eingestellt hatte, fühlte sie, wie sich bei ihr ein Orgasmus anbahnte. »Ja, das ist gut so, mach weiter!« Sie lockerte die Umklammerung ihrer Beine etwas, und sofort nutzte er die paar Zentimeter, die sie ihm damit gab und stieß, so gut es ging, wieder in sie hinein. Dabei hörte er nicht auf, kräftig an ihren Nippeln zu saugen, und als sie eine Hand nach unten gleiten ließ und um das dicke Ende seines Schafts legte, brach der Orgasmus über sie herein. Heftige Wellen durchfluteten ihren Unterleib und brachten ihre Pussy zum Beben, und jedes Mal, wenn sie sich zusammenzog, wurde Marcios Schwanz wie in einem Schraubstock zusammengedrückt. Für ein paar Sekunden hielt er es aus, dann hob er sie mit einem Ruck hoch und zog sich aus ihr zurück. »Frau Siegel! Wenn sie so etwas mit mir machen, ist hier gleich alles vorbei!«

Obwohl ihr Orgasmus gerade unterbrochen worden war, musste Carmen lachen. »Wow, Marcio, du bist ja vernünftiger als ich!«

Er grinste sie spitzbübisch an. »Ich will doch alles richtig machen, vielleicht besteht ja dann die Chance, dass ich noch mal eine Pause in Ihrem Pool machen darf …«

Er konnte noch so harmlos tun, in Wirklichkeit, wusste er genau, was Sache war. Aber gleichzeitig konnte er nicht verbergen, wie unglaublich heiß er darauf war, eine so geile, gut aussehende Frau zu ficken, und er würde sich diese einmalige Gelegenheit sicher nicht durch schlechtes Benehmen oder zu schnelles Abspritzen verderben.

Aus Carmens Sicht lief alles perfekt.

»Ja, das siehst du ganz richtig, mein Süßer. Komm mit, jetzt werde ich dich mal ein bisschen verwöhnen, das hast du dir verdient.«

Sie nahm seine Hand und zog ihn hinter sich her zur Treppe des Pools und weiter bis zu ihrer Sonnenliege. »Na los, mach es dir bequem!«

Außerhalb des Wassers schien es ihm ein bisschen unangenehm zu sein, dass er komplett nackt war, Carmen konnte es an seinem Schwanz sehen, aber er legte sich auf die Liege, so wie sie es gesagt hatte. Carmen blieb noch einen Moment stehen und gab ihm die Gelegenheit, ihren Körper zu betrachten, dann kniete sie sich vor ihn hin, schob sich zwischen seine Beine und schloss ihre Lippen um seine Eichel. Sofort wurde sein Schwanz wieder knallhart und drängte sich in ihren Mund. Mit einer Hand umfasste sie wieder seinen dicken Schaft und begann, hingebungsvoll an dem harten Rohr zu saugen und zu lutschen. Es war geil, seine jugendliche Dynamik zu spüren, sein Schwanz war so angespannt, dass sie jede Wölbung und jede angeschwollene Ader genau fühlen konnte. Als der erste kleine Tropfen Sperma in ihren Mund floss, nahm sie sich etwas zurück. Zärtlich leckte sie mit ihrer Zunge an der Unterseite seiner Eichel entlang, bis er sich wieder etwas entspannt hatte, dann ließ sie sein Rohr noch einmal tief in ihren Mund gleiten.

Marcios leises Stöhnen wurde sofort wieder lauter, und sie musste jetzt sehr vorsichtig sein, damit er nicht vorzeitig sein Sperma verschoss. Langsam zog sie sich wieder von seinem Schwanz zurück, wartete einen Moment ab und kletterte dann auf allen vieren über ihn auf die Liege. Sie legte sich auf seine breite Brust. »Was gefällt dir eigentlich am besten an mir, Marcio?«, flüsterte sie in sein Ohr. Er hatte die Augen geschlossen und antwortete nicht. »Du kannst es ruhig sagen, es muss dir nicht peinlich sein …«

»Ja, also, Frau Siegel, ganz ehrlich, ich finde ihren Arsch am geilsten«, flüsterte er jetzt mit leiser Stimme zurück.

»So, meinen Arsch findest du also geil … Und was würdest du am liebsten mit meinem Arsch machen, Marcio?«

Sie hörte ihn scharf einatmen, aber er sagte nichts.

»Sag es ruhig, Marcio, ich glaube nicht, dass ich es schlimm finden würde …«

Jetzt flüsterte er so leise, dass sie ihn kaum hören konnte. »Am liebsten würde ich in ihren Arsch ficken, Frau Siegel.«

»Das habe ich mir fast gedacht, Marcio. Warum tust du es dann nicht einfach?«

Jetzt hatte er die Augen wieder geöffnet und starrte sie an.

»Ich hätte nicht gedacht, dass …«

»Psst, Marcio.« Sie verschloss seine Lippen mit ihrem Mund. »Du brauchst hier nicht zu denken, du kannst einfach machen.« Und mit diesen Worten zog sie ihn auf den Rasen, legte sich mit dem Oberkörper auf die Liege und streckte ihren Arsch nach hinten raus. »Na komm, du musst dich nicht zurückhalten.«

Sie bemerkte sein leichtes Zittern, als er sich hinter sie kniete, aber seine Aufregung hatte keine negativen Auswirkungen auf seine steinharte Latte. Schon als er die Eichel an ihrem Poloch ansetzte, fühlte sie, was für ein mächtiger Prügel da gleich in sie eindringen würde. Gut, dass sie heute Vormittag ihren Analplug getragen hatte, irgendwie hatte sie so eine Ahnung gehabt …! Marcios Hände streichelten ihre runden Pobacken, dann griff er fester zu und begann, seinen Schwanz Stück für Stück in ihren Arsch zu schieben. Stöhnend drückte sie sich ihm entgegen, sie konnte sich nicht erinnern, schon mal so einen geilen Prengel im Arsch gehabt zu haben. Als er komplett in sie eingedrungen war, fing er an, sie erst langsam und dann immer schneller zu ficken.

O Mann, war das geil! Sein dickes Rohr glitt ohne Probleme immer wieder bis zum Ansatz in sie, und die Reibung löste unglaubliche Gefühle bei ihr aus. Sie spürte, wie ihre Klit vor Erregung immer weiter anschwoll, und sie wusste, wenn sie sie jetzt nur kurz berühren würde, würde es ihr sofort kommen. Aber das war gar nicht nötig, denn plötzlich fühlte sie Marcios Finger an ihrer Pussy, die sich suchend nach vorn tasteten.

»Ja, ja, fass mich an!«, konnte sie so gerade noch stöhnen, da war es auch schon passiert. Seine Finger waren in ihrem klatschnassen Spalt genau an die richtige Stelle gerutscht, und geradezu explosionsartig brach der zweite Orgasmus über sie herein. Sie schrie auf, warf ihre Haare nach hinten und gleichzeitig begann Marcio, wie wild in ihren Arsch zu ficken. Er schien alles um sich herum vergessen zu haben. »Darf ich in deinen Arsch spritzen?«, hörte sie ihn keuchen, aber bevor sie überhaupt antworten konnte, kam es ihm bereits und das heiße Sperma schoss in sie. Während bei ihr die letzten Wellen des Orgasmus abebbten, schoss er stöhnend immer neue Spermaschübe in sie, bis er schließlich keuchend über ihr zusammensank. Was für ein geiler Ficker, so gut hatte es ihr schon lange keiner mehr besorgt! Für einen Moment genoss sie noch die wohligen Schauer, die durch ihren Körper strömten, dann drückte sie ihn von sich weg und ließ sich rücklings auf den Rasen fallen. »Oh wow, das war gut!«

Er ließ sich neben sie sinken. »Ja, das war sogar sehr gut!« Und dann: »Sie werden doch Ihrem Mann nichts sagen, oder?« Seine Stimme klang etwas besorgt.

Jetzt musste sie wieder lachen. »Mach dir mal darum keine Sorgen. Ich habe dir doch gesagt, er wird es nie erfahren!« Dann setzte sie sich auf. »So, ich gehe jetzt mal ins Haus und mache mich ein bisschen frisch. Und du erledigst hier am besten schnell deine Arbeit, wir wollen ja nicht auffallen, nicht wahr?«

»Ja, klar mache ich das, Frau Siegel, Sie können sich auf mich verlassen!« Er grinste sie wieder so spitzbübisch an. »Aber eine Frage habe ich noch: Verraten Sie mir jetzt, was eine Milf ist?« Er sah sie so unschuldig an, dass Carmen laut lachen musste. »Nein, Marcio, da musst du dich noch ein bisschen gedulden. Vielleicht erkläre ich es dir morgen!«

Und mit diesen Worten drehte sie sich um und ging ins Haus. Ihr Mann würde sicher schon ungeduldig auf sie warten, und sie hatte große Lust, sich direkt die nächste Portion Sperma abzuholen.

Eine versaute Orgie wie im alten Rom

Heute erzähle ich euch von einer ganz besonderen Nacht in diesem Jahr, der Nacht vom 16. auf den 17. März. Ich berichte euch von einer wilden, hemmungslosen Orgie, die in genau dieser Nacht stattfand, und zwar nicht zum ersten Mal, sondern schon unzählige Male davor, immer zu diesem Datum. Denn in dieser Nacht wurden und werden die sogenannten Bacchanalien zelebriert, die im antiken Rom auch Bacchusfeste genannt wurden. Das Fest hat seine Ursprünge im frühen 2. Jahrhundert vor Christus und war in der Antike von wildester Ausgelassenheit, Ekstase und Rausch geprägt, und wir versuchen, es den alten Römern gleichzutun.

Wenn der 16. März sich nähert, kann ich für gewöhnlich schon Tage vorher an nichts anderes mehr denken, denn auch unsere Feiern gleichen einer rauschenden, exzessiven Orgie, ganz im Sinne der uralten Traditionen. Der Genuss von Wein und das Ausleben von sexuellen Freizügigkeiten waren das Fundament der Bacchanalien im alten Rom und genauso versaut und hemmungslos begehen auch wir diese spezielle Nacht.

Aber zuerst erzähle ich euch mal ein bisschen etwas über uns. Wir sind zu acht und kennen uns mittlerweile schon seit einigen Jahren. Unser kleiner verschworener Haufen besteht aus vier Frauen und vier Männern. In welcher Konstellation wir zueinanderstehen, ist dabei völlig unerheblich. Wichtig ist nur, dass zwischen uns allen eine ganz besondere sexuelle Anziehungskraft besteht, die uns immer wieder zusammenführt.

Und der gemeinsame Höhepunkt des Jahres, sozusagen das wichtigste Fest für unseren kleinen Zirkel, ist das Bacchusfest.

Wir begehen das Fest immer bei Venus, sie ist unsere unübertroffene Gastgeberin für diesen Anlass. Sie hat nämlich von ihren Eltern eine alte Villa und einen riesigen Haufen Geld geerbt. Und einen Teil dieses Geldes hat sie dafür eingesetzt, die Villa ganz nach ihren Wünschen sanieren und umbauen zu lassen. Das Ergebnis ist eine mehr als außergewöhnliche Location, die mit viel Liebe zum Detail eingerichtet ist. Das Ganze erinnert nicht nur an einen römischen Ort der Dekadenz, es ist tatsächlich ganz in diesem Sinne entworfen und gebaut worden. Ich kann mir vorstellen, dass Venus' Architekt eine Menge Spaß bei diesem Auftrag hatte, und das nicht nur wegen des vielen Geldes, das er damit verdient hat.

Wenn man die Villa betritt, wähnt man sich zunächst in einem ganz normalen, allerdings sehr geschmackvoll und teuer eingerichteten großen Haus. Gehört man allerdings zu Venus' engen Freunden, kommt man auch in den Genuss, die untere Etage zu betreten. Und hier sieht es so aus, wie wir uns das alte, lustvolle Rom heute so vorstellen – eine Mischung aus Tempel, Badehaus und Bordell, ausgestattet mit vielen Liegeflächen und Spielecken. Das alles ist Venus' Fantasie entsprungen – sie liebt ausschweifende Orgien in passender Umgebung und hat ihre Träume in die Realität umgesetzt, indem sie sich den perfekten Ort dafür geschaffen hat.

Und nun noch ein letztes Wort zu unseren ungewöhnlichen Namen. Da das alte Rom und die ausschweifenden Orgien dieses Zeitalters für unsere Treffen fast immer als Vorbild dienen, kamen wir auf die Idee, uns gegenseitig Namen römischer Göttinnen und Götter zu geben, von denen wir meinten, dass sie zu uns passen. Die anderen sieben haben also meinen Namen ausgewählt und nennen mich seitdem so. Und damit ihr auch wisst, mit wem ihr es zu tun habt, stelle ich mich hiermit vor – mein Name ist Apollo!

Wie schon gesagt, es ist nicht von Bedeutung, wie wir acht im Laufe der Zeit zueinandergefunden haben, es zählt nur, dass wir uns alle immer wieder mit großer Lust aneinander vergnügen können. Und nun erzähle ich euch von genau so einer Orgie. Venus hatte uns eingeladen, und alle waren ihrer Einladung gefolgt.

***

Als ich meine Augen wieder öffnete, kam es mir vor, als wäre ich von einem Traum in den nächsten geraten. Die Atmosphäre und die Szenerie um mich herum, die ich jetzt auch wieder visuell erfassen konnte, waren zu schön, um wahr zu sein. Gedimmte Lichtquellen tauchten alles um mich herum in ein warmes Leuchten, chillige Loungemusik drang wohldosiert aus unsichtbaren Boxen, und die Aura, die über allem lag, kann man wohl nur als sexuell aufgeheizt bezeichnen. Keine drei Meter vor mir blubberte ein Whirlpool leise vor sich hin. Rotes und blaues Licht stieg von Spots auf, die in seinen Boden eingelassenen waren, und ließ die sich darin bewegenden Körper extrem erotisch aussehen. Ich wusste natürlich, wer sich dort vergnügte, und ließ den Anblick erst mal auf mich wirken. Die beiden gut gebauten Männer saßen mit dem Rücken zu mir und amüsierten sich mit Luna. Sie hatte voller Leidenschaft den Kopf zurückgeworfen und ihre kinnlangen hellblonden Haare und ihre wippenden Brüste bewegten sich im Takt der gefühlvollen Stöße ihres Lovers. Amor war der Glückliche, den sie sich als Ersten auserkoren hatte, doch ich wusste natürlich, dass es nicht mehr lange dauern würde, bis sie zu dem zweiten ihrer Auserwählten, Herkules, überwechseln würde.

Ich selbst saß nackt auf einem bequemen Sofa, hatte mich entspannt angelehnt, und gerade holten Junos Finger mich zurück in meinen eigenen Traum. Zärtlich umschlossen sie den Schaft meines harten Schwanzes, und fasziniert schaute ich auf ihre tiefschwarz lackierten langen Fingernägel, die einen krassen Kontrast zu ihrer unglaublich hellen Haut bildeten und hervorragend zu ihren glatten schwarzen Haaren passten. Sie kniete auf dem Boden vor dem Sofa und langsam strich sie mit ihrer Hand auf und ab. Dabei schaute sie mich aus ihren grünen tiefgründigen Augen an. In diesen Augen konnte ich versinken, sie konnten mich geradezu aufsaugen, und glücklich lächelte ich sie an. Doch dann senkte sie den Blick auch schon wieder und entließ mich aus ihrer Gefangenschaft, denn Diana, die neben ihr kniete, hatte sich vorgebeugt und begonnen, die Innenseite meines Oberschenkels zu küssen. Bedächtig arbeitete sie sich nach oben. Mal spürte ich nur ihre Lippen, dann wieder ihre Zunge, mit der sie sich in kreisenden Bewegungen gefühlvoll meinem Schwanz näherte. Sehen konnte ich davon nichts, denn ihre rotbraune Lockenpracht verdeckte ihre gefühlvollen Aktivitäten. Juno blickte jetzt auf meinen Schwanz in ihrer Hand, strich weiter langsam auf und ab und nahm zweifellos jede kleine Reaktion wahr, die Dianas Küsse bei mir auslösten. Der Anblick der beiden vor mir knienden Frauen war im wahrsten Sinne des Wortes einfach göttlich.

Diana war mit ihren Zärtlichkeiten jetzt an meinem Sack angekommen, leckte mit ihrer Zunge leidenschaftlich darüber, hob dann den Blick und sah mir direkt in die Augen. Das nutzte Juno, um ihren Blick ebenfalls wieder anzuheben, und Wange an Wange knieten die zwei Frauen jetzt vor mir und schauten mich auf geradezu hypnotisierende Art und Weise an, beide nur noch wenige Zentimeter mit ihren Lippen von meinem Schwanz entfernt.

Jede der beiden sah auf ihre eigene Art unglaublich reizvoll aus. Juno habe ich ja gerade schon etwas beschrieben, ein

Schneewittchen-Typ mit schwarzem Haar und heller Haut. Ihre Lippen waren in einem leuchtenden Rot geschminkt und bildeten, genau wie ihre Haare, den perfekten Gegensatz zu ihrer Haut.

Das Gesicht neben ihr war nicht weniger interessant. Diana war wie immer fast ungeschminkt, ihre braunen sinnlichen Augen verzierte höchstens ein wenig Mascara, mehr brauchte sie nicht, um mit ihren roten lockigen Haaren trotzdem immer ein Blickfang zu sein.

Die beiden hatten ihre Lippen jetzt extrem nah an meinem Schwanz und machten mich ein wenig nervös damit. »Na, was meinst du?«, raunte Diana in meine Richtung. »Sollen wir dir zusammen den Schwanz lutschen? Davon hast du doch schon immer geträumt, stimmt's?«

Und tatsächlich hatte sie recht mit ihrer Vermutung. Wir hatten schon die unterschiedlichsten Konstellationen beim Sex untereinander gehabt, aber noch nie hatten diese beiden Göttinnen gemeinsam vor mir gesessen und wollten mir den Schwanz blasen. Eine Antwort auf ihre Frage erwartete Diana offensichtlich nicht, sie wusste sowieso, dass sie mit ihrer Annahme richtig lag, und im nächsten Augenblick spürte und sah ich auch schon, wie beide mit ihrer Zunge an meinem Schaft entlangfuhren, eine von rechts und eine von links. Meine heftige Reaktion darauf veranlasste Juno zu einem Kommentar. »Das gefällt unserem Süßen, Diana, schau mal, sein Schwanz zuckt ja schon ganz gierig!« Und dann lächelten sie sich wissend an und machten weiter.

Es war unglaublich geil, beide Zungen gleichzeitig an meinem Ständer zu fühlen und dabei das versaute Schauspiel auch noch perfekt beobachten zu können. Dass die beiden dabei zusätzlich auch noch auf eine unbeschreiblich verruchte Art und Weise zu mir hochblickten, steigerte das Lustgefühl noch mehr.

Die zwei begnügten sich anfangs damit, nur meinem Schaft zu verwöhnen, ließen Lippen und Zunge sanft und zärtlich daran entlanglaufen und schafften es spielend, meine Latte noch eine Spur härter werden zu lassen. Juno war die Erste, die ihre Zunge höhergleiten ließ und die Unterseite meiner Eichel mit in ihr Spiel einbezog. Diana folgte ihr umgehend, und als sich ihre beiden Zungen dabei berührten, ließen sie sofort von mir ab und beschäftigten sich erst mal miteinander. Sie drückten ihre Lippen aufeinander, berührten sich mit ihren Zungenspitzen, ließen ihre Zungen zärtlich umeinanderkreisen, wurden schneller, gieriger und begannen schließlich, wild miteinander zu knutschen. Als sie sich schwer atmend wieder voneinander lösten, lächelten sie sich erst lüstern an und banden mich dann wieder in ihr versautes Spiel ein. Juno nahm meinen Schwanz zwischen ihre roten Lippen und ließ ihre Zunge gefühlvoll um meine Eichel kreisen, unterbrach ihr Treiben dann wieder und knutschte noch mal mit Diana. Offensichtlich angeheizt von Juno stürzte die sich danach auf mein Rohr und lutschte so intensiv daran, dass ich für einen Moment das Gefühl hatte, sie wolle mich aussaugen.

»Langsam, langsam«, keuchte ich, und im nächsten Moment drängte sich schon wieder Juno an meine Eichel und Diana machte ihrer Freundin bereitwillig Platz. Mein bebender Schwanz stand jetzt genau zwischen ihren Mündern, was unglaublich geil aussah. Gerade beugte sich Juno mit leicht geöffnetem Mund wieder vor, als lautes Stöhnen uns von unserem Treiben ablenkte und wir alle drei unweigerlich unseren Kopf hoben.

Das Stöhnen kam unzweifelhaft von Venus, unserer Gastgeberin, die ihrer Lust wie immer laut und ungehemmt freien Lauf ließ. So kannten wir sie, Zurückhaltung war nicht ihr Ding. Venus war von uns allen die Unersättlichste, selbst wenn alle schon befriedigt und erschöpft darniederlagen, ließ sie immer noch gierige Blicke über uns schweifen, in der Hoffnung, dass vielleicht doch noch einer ihrer Götter die Kraft für eine weitere Runde Venus-Sex aufbringen würde. Sie war deutlich fülliger als die anderen Frauen, war mit großen Brüsten und einem ausladenden Po ausgestattet, und ihre weiche Haut lud zum Streicheln und Anfassen ein. Alles an ihr strahlte eine unglaubliche Sinnlichkeit und Begierde aus, der keiner von uns widerstehen konnte.

Jetzt saß sie uns gegenüber in einem Sessel und hatte ihre weit gespreizten Beine rechts und links auf den Armlehnen abgelegt. Mars kniete vor ihr, hatte seinen Kopf zwischen ihren Schenkeln und verwöhnte sie mit seiner Zunge. Darin war er ein wahrer Künstler, das wussten alle anwesenden Frauen nur zu genau. Venus ging dabei jedoch immer besonders ab, seine Zunge und ihre Pussy schienen wie füreinander gemacht zu sein.

Meine beiden Mädels lächelten wissend, und Juno schaute mich an. »Hey, Apollo, du kannst ruhig ein bisschen bei Venus zuschauen, während wir uns um deinen Ständer kümmern.« Und schon bearbeiteten sie weiter abwechselnd mit ihren Zungen und Lippen meinen Schwanz, während ich mir noch einen längeren Blick auf Venus und Mars gönnte. Ich war immer wieder aufs Neue fasziniert, wie geschickt er mit seiner Zunge umgehen konnte. Mit einem unglaublichen Tempo leckte er mit der Spitze über ihre Klit, und ihr ekstatischer Gesichtsausdruck verriet, welche intensiven Gefühle er damit bei ihr auslöste. Er war in der Lage, dieses Tempo über mehrere Minuten durchzuhalten, wobei das allerdings gerade bei Venus selten nötig war. Sie hielt die Augen geschlossen und hatte eine Hand in seinen lockigen Haarschopf gekrallt. Bei ihr würde es nicht mehr lange bis zum Orgasmus dauern, sie stöhnte und keuchte, und in ihrem Gesicht spiegelten sich Lust, Leidenschaft und Konzentration. Doch jetzt sah ich aus dem Augenwinkel, wie sich im Whirlpool eine Person von den anderen beiden löste und erhob.

Ich erkannte sofort, dass es Herkules war. Im rotblauen Licht des Whirlpools, das durch die aufsteigenden Dämpfe waberte, sah sein breiter, durchtrainierter Körper ausgesprochen imposant aus, und er machte seinem Namen alle Ehre. So wie er dem Pool entstieg, sah er aus wie ein wahrer römischer Gott, wobei ein Detail ihn von den steinernen Skulpturen, an denen er vorbeiging, unterschied. Sein Schwanz stand hart und dick nach vorn ab und deutete in Richtung seines Ziels: Venus. Mars hatte ihn auch bemerkt und grinsend hob er den Kopf. »So, Süße, wie ich sehe, nähert sich gerade eine kleine Abwechslung für dich. Wir sehen uns später wieder!« Und schon war er aufgestanden, hatte Platz für Herkules gemacht und sich zu unserer Dreierrunde gedreht, offensichtlich auf der Suche nach einem neuen Betätigungsfeld.

Etwas verwirrt richtete Venus sich auf, aber als sie sah, wer da vor ihr stand, ließ sie sich ganz entspannt wieder zurücksinken. So sehr sie auch die Leckkünste von Mars schätzte, Herkules war ihr eindeutiger Favorit, was das Vögeln anging. Sie blieb einfach genau so liegen wie zuvor und präsentierte ihm ihre gespreizte, vom Lecken nass glänzende Möse, wohl wissend, dass er sich ganz in ihrem Sinne darum kümmern würde.

Herkules hatte sich vor ihr aufgebaut und schaute lässig zu ihr herunter. Das Wasser des Whirlpools tropfte von seinem gestählten Body und seinem harten Rohr, und wie immer gab er ein sehr eindrucksvolles Bild ab. Sein Blick ruhte für einen Moment zwischen Venus' Beinen, dann beugte er die Knie, stützte sich mit seinen muskulösen Armen links und rechts auf den Armlehnen des Sessels ab und ließ seinen dicken Riemen in einer fließenden Bewegung bis zum Anschlag in ihrer Pussy verschwinden. Venus entfuhr ein ziemlich lautes »Jaaaa!«, dann hörte man erst mal nichts mehr von ihr, während Herkules mit kräftigen Stößen in sie hineinstieß.

Er war sicherlich der Einzige von uns, der diese Fickposition für eine längere Zeit durchhalten konnte, und das deutlich sichtbare Spiel der Muskeln in seinen Beinen und seinem Arsch war wirklich beeindruckend. Es dauerte natürlich nicht lange, bis seine harten Stöße bei Venus ihre Wirkung zeigten. Sie krallte ihre rot lackierten Fingernägel in seinen Rücken und mit lautem Keuchen und Stöhnen suchte sich ihre Lust ein Ventil. Auch Herkules stöhnte jetzt bei jedem Stoß laut auf, und ohne irgendwelche Ermüdungserscheinungen zu zeigen, schenkte er Venus, was sie brauchte. Die beiden gaben zusammen wirklich ein animalisch-versautes Bild ab, und für ein paar Sekunden schaute ich dem wilden Treiben noch fasziniert zu, doch dann galt meine ganze Aufmerksamkeit wieder Juno und Diana.

Mars hatte sich inzwischen nämlich hinter den beiden knienden Mädels in Position gebracht, schien sich aber noch nicht endgültig entschieden zu haben, welche von beiden er zuerst ficken sollte. Während sie weiterhin mit ihren Mündern meine Latte verwöhnten, strich er mit seinen Händen über ihre lasziv nach hinten herausgestreckten, runden Hintern, wobei er auch immer wieder seine Finger zwischen ihren Beinen verschwinden ließ. Jedes Mal, wenn er bei Diana auf eine empfindsame Stelle stieß, biss sie mir sanft in den Schwanz, und ich hoffte doch sehr, dass sie sich unter Kontrolle hatte, falls Mars mal einen ganz besonders erregbaren Punkt treffen würde. Mars bemerkte ihre Geilheit natürlich ebenfalls und als sie mit einer Hand erst suchend nach seinem Schwanz griff und ihn dann daran hinter sich zog, ließ er von Juno ab und widmete sich ganz ihr. Gefühlvoll drang er von hinten in sie ein und bewegte sich langsam vor und zurück, sodass sie mein Rohr dabei weiter mit ihren weichen Lippen und ihrer geschickten Zunge verwöhnen konnte. Juno half ihr noch einen Moment dabei, doch dann entschied sie offensichtlich, dass ihr das nicht reichte.

In ihrer unnachahmlich eleganten Art erhob sie sich und kam zu mir aufs Sofa. Ihre vollen, warmen Lippen trafen auf meinen Mund und bedeckten ihn mit heißen Küssen. »Hey, Apollo, ich fühle mich hier gerade etwas vernachlässigt. Meine Möse möchte auch mal ein bisschen gefickt werden!«

Sie hatte natürlich recht, sie und Diana hatten sich ausgiebig um mich gekümmert, und ich hatte mich bisher überhaupt noch nicht bewegen müssen. »Na klar, meine Schöne«, antwortete ich ihr deshalb augenblicklich, »sag mir einfach, was du willst, und ich werde dir jeden Wunsch erfüllen!« Mit zarter Hand strich sie Diana, die immer noch vor mir kniete, sanft über die roten Locken. »Hey, Süße, rück mit deinem Lover mal ein bisschen zur Seite, ich brauche Apollos Schwanz jetzt mal für mich!« Die machte natürlich zusammen mit Mars sofort Platz und nutzte die Situation auch gleich für einen Stellungswechsel. Breitbeinig setzte sie sich an das andere Ende des Sofas und Mars kniete sich vor sie und versenkte seinen Kopf zwischen ihren Beinen. Mit ihrem augenblicklich einsetzenden Stöhnen war jedem von uns klar, dass der göttliche Mars jetzt auch sie mit seinen unübertroffenen Leckkünsten beglückte.

Kaum hatten die beiden Platz gemacht, schwang Juno ein Bein über mich. Sie saß jetzt direkt über meiner Latte, ihre wunderschöne Möse nur noch einen Hauch entfernt von meiner Schwanzspitze, die ich ihr schon entgegenhielt. Langsam ließ sie sich nach unten sinken. Wow, was für ein geiles Gefühl, in ihre warme, feuchte Pussy einzudringen. Juno ließ sich Zeit, Zentimeter um Zentimeter kam sie tiefer und nahm meinen Schwanz auf. Dabei schaute sie mich die ganze Zeit aus ihren klaren, grünen Augen an und verfolgte gebannt jede Reaktion, die sich in meinem Gesicht spiegelte. Als ich mit meinen Händen begierig nach ihrem Hintern griff, lächelte sie zufrieden. Ich liebte ihren wohlgeformten Arsch mit den runden Pobacken und der hellen makellosen Haut, die sich unter meinen Fingern so weich wie die eines Pfirsichs anfühlte. Wieder drückte sie ihre warmen Lippen auf meinen Mund, und ich wusste nicht mehr, auf was ich mich konzentrieren sollte, da an Juno einfach alles geil war. Sie knutschte unglaublich leidenschaftlich, mein Schwanz steckte in ihrer nassen, engen Pussy und meine Hände umschlossen ihre runden, weichen Arschbacken. Ich war kurz vor einem gefühlsmäßigen Overload, als Junos Worte in mein Ohr drangen und mich aus meiner Trance rissen. »Jetzt fick mich richtig durch, Apollo, du weißt doch, wie ich es haben will!«

Das war eine ziemlich konkrete Aufforderung und, ja, ich wusste genau, wie sie es wollte. Ich öffnete die Augen und sah in ihr erregtes Gesicht. Okay, ich war wieder da, und meine angeschwollene Latte mehr als bereit für einen harten Fick. Meine Körperspannung wurde von einer Sekunde zur nächsten eine andere und das war auch nötig, denn jetzt wurde mein voller Einsatz gefordert. Ich umfasste Junos Arsch fester und hob sie ein wenig an, während ich aus meiner Sitzposition ein bisschen nach unten rutschte. Jetzt hatte ich etwas Bewegungsfreiheit gewonnen, und die wusste ich natürlich zu nutzen. Ich hob und senkte mein Becken und schob meinen Ständer mit anfänglich sanften Stößen in die traumhaft geile Möse. Juno machte sofort mit, schien nur auf ein bisschen mehr Aktivität von mir gewartet zu haben, und es dauerte nicht lange, bis sie mit ihrem Stöhnen und ihren kleinen spitzen Schreien alle anderen im Raum übertönte.

Ich mag es, wenn Frauen beim Sex laut sind, das spornt mich richtig an, es macht mich wild und bringt mich zu körperlichen Höchstleistungen. Und bei Juno muss mir zum Glück niemand erklären, was ich tun muss, damit sie richtig laut wird. Als ich begann, an ihren harten Nippel zu saugen, warf sie ihren Kopf in den Nacken, drückte ihre geilen Titten gegen meinen Mund und wurde noch eine Spur lauter. Ich fickte sie jetzt, so schnell ich es aus meiner halb liegenden Position konnte, und schickte ein heimliches Dankgebet zu Jupiter, dem Göttervater, dass er mich mit so einer guten Kondition gesegnet hatte.

Trotzdem brauchte ich irgendwann eine kleine Pause und kaum hatte ich meine Rammelei für einen Moment unterbrochen, warf Juno einen suchenden Blick in den Raum. Ich wusste genau, wonach sie Ausschau hielt, und da traf es sich ganz hervorragend, dass genau in diesem Augenblick Luna und Amor den Whirlpool verließen. Eine von Junos Leidenschaften war nämlich, im Sandwich genommen zu werden, und der Blick, den sie dem näherkommenden Amor zuwarf, war eindeutig. Ein Grinsen huschte über sein Gesicht, dann flüsterte er Luna etwas ins Ohr, küsste sie noch einmal und steuerte wie zu erwarten das Sofa an. Luna folgte ihm, sie hatte ganz eindeutig schon eigene Ideen, denn zwischen mir und Diana war auf dem Sofa noch ein Platz frei und dort ließ sie sich jetzt nieder. Erfreut strahlte Diana sie an, und nur Sekunden später trafen sich ihre Lippen, und sie begannen sich leidenschaftlich zu küssen. Als Luna dann auch noch ihre Beine spreizte und Mars die Aufforderung sofort verstand und zu ihr wechselte, wusste ich, dass hier niemand zu kurz kommen würde. Es würde für Mars eine große Freude sein, seine beiden Göttinnen abwechselnd zu lecken, während sie weiter knutschten und sich gegenseitig an den Nippeln spielten.

Das passte ja alles perfekt, und mit einem zufriedenen Lächeln im Gesicht wandte Juno sich an mich. »Du schaffst doch bestimmt noch eine kleine Runde, nicht wahr, Apollo?«

»Na klar, Süße, da mach dir mal keine Sorgen«, antwortete ich und spannte schon mal meine Muskeln an.

Inzwischen war Amor hinter sie getreten. »Ich sehe schon, Apollo, du allein reichst Juno nicht«, foppte er mich freundlich grinsend, und schon hatte er seine steil nach vorn stehende Latte an ihrem Anus angesetzt und drang langsam und vorsichtig in sie ein. Er hatte einen ziemlich großen Schwanz, doch er wusste damit umzugehen und überstürzte nichts. Auch ich fing jetzt wieder an, mich langsam zu bewegen und allmählich fanden wir in einen gemeinsamen Rhythmus, der von Junos hingebungsvollem Stöhnen begleitet wurde.

Für mich war die ganze Situation einfach traumhaft, ich finde es am geilsten, wenn wir alle dicht gedrängt und nackt beieinander sind und den unterschiedlichsten Sauereien nachgehen, und genauso war es jetzt. Luna knutschte und fummelte mit Diana, während Mars vor ihnen kniete und sie abwechselnd leckte, Herkules fickte die laut keuchende und stöhnende Venus im Sessel gegenüber immer noch nach allen Regeln der Kunst durch, und Juno kniete zwischen Amor und mir und ließ sich meinen Schwanz in die Möse und seinen in den Arsch schieben. In der Luft lag der typische Fickgeruch, der sich immer dann breitmacht, wenn eine hemmungslose Orgie stattfindet, bei der es alle miteinander treiben, und das machte mich noch zusätzlich an. Geiler ging es einfach nicht!

Obwohl wir beide erst mal gefühlvoll und vorsichtig in Juno eindrangen, wurde sie sofort wieder richtig laut. Sie wollte mehr, das war offensichtlich, und als Amor und ich das Ficktempo erhöhten und er anfing, ihr mit kräftigen Stößen den Schwanz in den Arsch zu treiben, ging sie richtig ab. Sie schrie ihre Lust fast heraus und feuerte uns so immer mehr an. »Ja, ja, weiter so, los, fickt härter, macht's mir! Das ist so geil! Mir kommt's gleich!« O Mann, hier war echt keine Zurückhaltung angesagt, und zusammen gaben Amor und ich ihr genau das, wonach sie verlangte.

Juno trieb uns weiter an und kurz bevor ich nicht mehr konnte, weil mir einfach die Kraft ausging, sie weiter in diesem Tempo von unten zu ficken, kam es ihr. Sie bäumte sich mit geschlossenen Augen auf, ihr ganzer Körper vibrierte, und sie schrie noch einmal: »Ja, ja, ja, geil!« Dann sank sie über mir zusammen, und ich konnte nicht sagen, wer von uns beiden mehr außer Atem war und nach Luft schnappte, sie oder ich.

Amor wartete noch einen Moment ab, dann zog er sich aus ihr zurück und sprang schnell unter eine in der Wand eingelassene Dusche. Oha, wie ich an seiner knallharten Latte sehen konnte, hatte er genau wie ich noch nicht abgespritzt und offensichtlich noch mehr vor.

Als sich meine Atmung wieder beruhigt hatte und Juno sich aufrichtete, sah ich, dass immer noch alle rund um das Sofa versammelt waren und kein Paar sich irgendwo anders hin zurückgezogen hatte. Venus und Herkules hatten ihren Sessel verlassen und standen jetzt zusammen neben Mars, der immer noch vor seinen beiden Göttinnen auf dem Boden kniete, sich aber ebenfalls in die Rolle des Zuschauers zurückgezogen hatte, denn Luna war inzwischen dazu übergegangen, Diana zu fingern. Alle starrten fasziniert auf das Schauspiel, das die beiden uns boten. Während sie sich zärtlich küssten, versenkte Luna immer wieder ihre Finger tief in Dianas Möse, schob sie vor und zurück oder bewegte sie kreisend, und jedes Mal, wenn sie sie wieder herauszog, spritzte Diana einen kleinen Schwall Nässe ab. Alles zwischen ihren gespreizten Beinen glänzte schon vor Feuchtigkeit und die ganze Szenerie sah unglaublich geil aus. Herkules' Schwanz bebte vor Begierde, und irgendwann konnte er sich nicht mehr zusammenreißen. Er trat einen Schritt vor, kniete sich vor Diana und schob seinen harten Riemen dann einfach hemmungslos an Lunas Fingern vorbei in Dianas Möse. Beide Frauen hoben erstaunt den Kopf, doch als sie sahen, wer sich da einfach in ihr Sexspiel eingemischt hatte, mussten beide lachen. »Herkules kann sich beim Anblick deiner geilen Möse mal wieder nicht zurückhalten, Diana!«, bemerkte Luna. »Dann mache ich am besten mal Platz für den Herrn!« Und schon war sie ein Stück von den beiden weggerückt, und die lächelnde Diana hatte ihre Beine um Herkules geschlungen. Damit hatte er sich zwar vor allen anderen Anwärtern ein bisschen vorgedrängelt, aber das war kein Problem, wir alle kannten schließlich den immer fickgeilen Herkules, und außerdem waren ja genug Schwänze und Mösen für alle da.

Juno hatte sich inzwischen für ein kleines Päuschen auf den Sessel zurückgezogen, und ich saß mit einem dicken Ständer zwischen den Beinen neben Luna. »Ah, das trifft sich ja gut!« Erfreut blickte sie auf mein Rohr. »Hier habe ich ja genau den richtigen Stecher, der es mir mal ordentlich von hinten besorgen kann!« Mit diesen Worten rutschte sie vom Sofa und zog mich hinter sich. Den freigewordenen Platz nahm sofort Amor ein, und kaum hielt er sein steifes Rohr auffordernd in die Luft, kniete schon Venus vor ihm und ließ es in ihrem Mund verschwinden. Es ging also genau nach meinem Geschmack weiter, wir blieben alle nah zusammen und vergnügten uns so, wie es gerade passte und auskam.

Ich kniete jetzt hinter Luna, die mit dem Oberkörper auf dem Sofa lag und mir ihren Hintern entgegenstreckte. Luna ist eine coole, extrem wandelbare Frau, die es mal zart und mal hart mag. So wie sie mir jetzt ihren Hintern und ihre Möse hinhielt, wollte sie richtig genommen werden, daran gab es keinen Zweifel. Sie bot mir einen wunderschönen, aber gleichzeitig extrem versauten An- und Einblick. Ich setzte meinen Schwanz an ihrer Möse an und fing an zu ficken. Mit langsamen Stößen hielt ich mich gar nicht erst auf, es ging gleich richtig zur Sache. Sie lag flach auf dem Sofa und bei jedem Stoß prallte ihr Becken gegen das Polster. Als sie den Kopf hob, wusste ich, was sie wollte. Ich griff in ihre hellblonden Haare und zog ihren Kopf nach hinten. Sie gab keinen Laut von sich, aber ich konnte fühlen, wie ihre Möse bei jedem harten Stoß, den ich ihr versetzte, nasser wurde. Sie wollte grob angefasst und hart gefickt werden, und genau das tat ich jetzt. Neben uns vögelten auf der einen Seite Herkules und Diana in wilder Ekstase miteinander, und auf der anderen Seite lutschte Venus leidenschaftlich Amors Schwanz. Und jetzt schaltete sich auch Juno wieder ins Geschehen ein. Sie hatte ihren Sessel verlassen und sich Mars gegriffen. Zusammen gingen sie hinter das Sofa und direkt über Luna und mir beugte sie sich stehend über die Rückenlehne. Innerhalb von Sekunden hatte Mars seinen Schwanz in ihr und fickte sie. Ihre wippenden Titten tanzten direkt vor meinen Augen und da mir das Sperma sowieso schon bis zur Schwanzspitze stand, und ich es kaum noch zurückhalten konnte, zog ich schnell meinen Schwanz aus Lunas Möse. Die stellte ihre Beine sofort noch ein Stück weiter auseinander und streckte sich mir entgegen, weil sie unbedingt wollte, dass ich ihn ihr wieder reinsteckte.

»Lass uns mal tauschen, Apollo!« Herkules starrte auf Lunas offene Möse, die sie völlig ungehemmt nach hinten rausstreckte. Er konnte wie immer nicht genug bekommen, da wir aber wussten, dass die Frauen es auch mochten, wenn wir zwischendurch tauschten, machte ich ihm grinsend Platz und rückte zu Diana rüber.

Sie empfing mich in halb sitzender, halb liegender Position

und mit weit gespreizten Beinen. Schon beim Eindringen spürte ich den Unterschied zu Luna. Jede Pussy fühlt sich anders an, und bei Diana hatte ich das Gefühl, dass sie mich einsaugen wollte. Ihre dunklen Schamlippen legten sich eng um meinen Schaft und ihre Möse umschloss mich so fest, dass ich jede kleine Kontur spüren konnte. Sie drückte sich mir entgegen und mit festem Griff umfasste ich ihre Hüften und gab ihr, was sie forderte. Genauso hart und entschlossen wie zuvor in Lunas fickte ich jetzt in Dianas nasse Möse. Das Gefühl war so intensiv, dass ich alles, was um uns herum geschah, nur noch wie durch einen Nebel wahrnahm, aber ich nahm es wahr.

Ich hörte Amor laut aufstöhnen, ein sicheres Zeichen, dass Venus' Blaskünste ziemlich schnell zum Erfolg geführt hatten. Ob Herkules neben mir schon abgespritzt hatte, wusste ich nicht, er hatte seinen Schwanz jedenfalls aus Luna gezogen und leckte sie jetzt von hinten. Als ein heftiger Schauder ihren Körper durchlief, gefolgt von spitzen Schreien, war klar, dass auch er sein Ziel erreicht hatte. Über uns fickte Mars wie wild in Junos Möse und brachte das ganze Sofa damit zum Beben. Plötzlich schrie er auf, zog seinen Schwanz aus ihr und spritzte ihr eine unglaubliche Ladung Sperma auf den Arsch. Er schoss so heftig, dass zwei oder drei Tropfen schräg über Juno flogen und auf Dianas Brüsten landeten. Das war jetzt eindeutig zu viel für mich. Ich konnte spüren, wie mein Sperma nach oben drang und schnell legte ich zwei Finger an Dianas nasse, angeschwollene Klit und fing an zu reiben. Wir kamen gleichzeitig. Laut und ungehemmt ließen wir unserer Lust freien Lauf, genossen den Orgasmus in vollen Zügen, keuchten und stöhnten und ließen uns von nichts mehr, was um uns herum passierte, ablenken.

Als ich die Augen wieder öffnete, waren alle anderen eng an uns herangerückt. Verschwitzt und erschöpft kam ich langsam wieder zu mir, sah mich in unserer Runde um und schaute in ausnahmslos glücklich lächelnde Gesichter.

Venus sprach als Erste wieder. »Ich bin dafür, dass wir uns zuerst einmal stärken, meine Lieben, schließlich hat die Nacht gerade erst begonnen, und unsere Feier ist noch lange nicht zu Ende!« Und schon erhob sie sich und holte die auf einem Sideboard bereitstehenden Gläser und Karaffen heran. Herkules schob ein paar Sessel näher zum Sofa und ich trug einen kleinen Tisch in unsere Mitte. Wir verteilten uns auf den Sesseln und dem Sofa, Mars füllte die Gläser mit Wein, und wir stießen an. Noch einmal ergriff Venus das Wort. »Auf die Bacchanalien! Möge es noch eine lange und wilde Nacht werden.«

Lachend stießen wir an, und wenn ich meine Mitgötter so anschaute, konnte ich in allen Gesichtern schon die Vorfreude auf die nächste Runde sehen.

Nicht verpassen: kostenlos per Post ...

»Getanzt, Geflirtet, Gevögelt«

Die erotische Zusatzgeschichte

Schneide Dir die Postkarte aus
und schicke sie ausgefüllt zurück!

Exklusiv & kostenlos für unsere Buchkäufer:

»Getanzt, Geflirtet, Gevögelt«
Die erotische Kurzgeschichte & iPad-Gewinnspiel

Kostenlos per Post:

Getanzt, Geflirtet, Gevögelt
Tara Bernado

Erotische Kurzgeschichte

12 Seiten

Die Internet-Story zu dem Buch:
»Ich will es immer noch unanständig!«

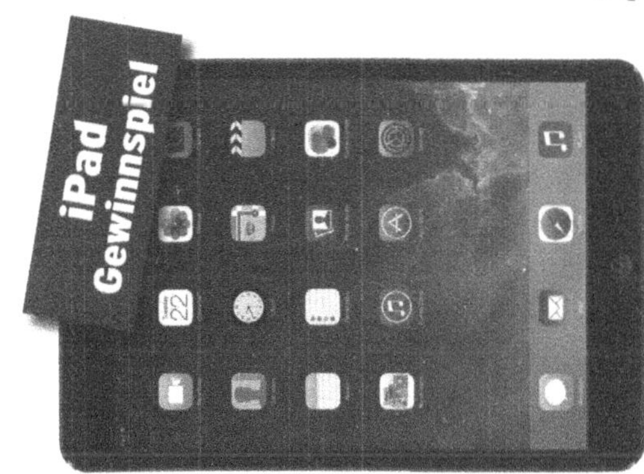

Die Verlosung erfolgt jeden ersten Freitag im Quartal (Datum des Poststempels). Gewinner werden schriftlich benachrichtigt.
Mitarbeiter von blue panther books und deren Angehörige dürfen nicht teilnehmen! Der Rechtsweg ist ausgeschlossen!

Nicht verpassen: kostenlos per Post ...

»Getanzt, Geflirtet, Gevögelt«

Die erotische Zusatzgeschichte

Schneide dir die Postkarte aus
und schicke sie ausgefüllt zurück!